KB249408

# 감사위원회 도입과 경영자 이익조정

# 감사위원회 도입과 경영자 이익조정

이상철 著

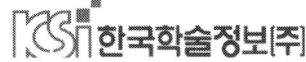한국학술정보(주)

# 머리말

엔론, 월드컴, 제록스 등 미국의 대표적 기업들이 회계부정을 자행한 것으로 밝혀지면서, 경제 전반에 큰 영향을 미쳤다. 자본시장에 대한 신뢰가 무너지고 주가하락과 경기침체를 겪게 되었다. 2002년 7월 미국은 회계부정 기업에 강력한 제재를 가하고 기업회계기준과 회계투명성을 엄격하게 적용하기 위해, 기업개혁법인 사베인-옥슬리법(Sarbanes-Oxley Act)을 제정하였다. 한국에서도 외환위기 이후 경영투명성과 회계정보의 신뢰성을 높이기 위해 감사위원회 도입이 이루어졌다. 그럼에도 불구하고 SK글로벌, 하이닉스반도체, 코오롱TNS 등 대기업뿐만 아니라 터보테크와 같은 대표적인 벤처기업에서도 회계부정 사건이 발생하였다. 경영자의 회계부정은 투자자 및 채권자와 같은 기업의 이해관계자들의 부에 직접적인 영향을 줌과 동시에 자원배분을 왜곡하여 국가 경제에 부정적인 영향을 미치게 된다. 이러한 측면에서 감사위원회 효과 및 역할 제고에 대한 논의가 중요한 이슈로 대두되었다.

감사위원회는 독립성이 높은 사외이사로 구성되어 경영진에 대한 내부감시 기능을 수행하며, 회계정보의 투명성을 높이기 위해 내부통제를 비롯한 여러 가지 감독업무를 담당한다. 감사위원회는 형식상 이사회의 하부위원회이지만 주주총회 소집권이 있으며, 보상위원회나 임원추천위원회와 달리 감사위원회 위원은 주주총회에서 선임된다. 우리나라는 1999년 12월 31일 상법 개정으로 감사위원회를 도입하여 기업이 감사위원회와 감사를 선택할 수 있도록 하였고, 2000년 1월 21일 증권거래법 개정에서는 자산총액 2조원 이상인 상장 및 등록법인에 대하여 감사위원회를 강제하고 있다. 그러므로 감사위원회는 경영진에 대한 감시와 회계정보의 신뢰성을 확보하는데 기여할 것으로 기대를 모으고 있다.

감사위원회가 도입되면서 감사위원회 도입 효과에 대해 많은 논의가 진행되고 있다. 대체적으로 감사위원회 도입 필요성에 대해서는 공감하고 있으나 운영 및 제도상의 미비점들을 보완해야 한다는 목소리가 높다. 그러므로 감사위원회의 도입 특성에 따른 효과를 실증적인 자료를 이용하여 검증함으로써, 감사위원회의 효과적인 운영을 위한 근거를 마련할 필요가 있다.

본 저서에서는 감사위원회 도입으로 인한 효과를 경영자의 이익조정 행위와 관련하여 살펴보았다. 감사위원회 도입으로 경영자의 이익조정 행위가 감소되는지 여부, 감사위원회 독립성과 이익조정과의 관계, 이사회 및 소유집중 정도가 감사위원회 독립성에 미치는 영향, 그리고 이사회 특성 및 소유집중 정도에 따라 감사위원회 독립성이 이익조정에 미치는 영향에 차이가 발생하는지 여부 등을 실증자료를 이용하여 검증하였다.

감사위원회 도입 특성에 따른 효과를 검증한 본 연구의 결과는 감사위원회의 효과적 도입과 운영에 대한 아이디어를 제공해 줄 수 있을 것이다. 또한 감사위원회 도입 효과에 대한 후속 연구를 수행하기 위한 기반을 제공해 줄 수 있다. 이러한 측면에서 본 연구의 결과는 연구자, 실무 담당자 및 정책 입안자들에게 중요한 시사점을 제공해줄 수 있음과 동시에 감사위원회 제도의 발전을 위한 기초 자료로 활용될 수 있을 것이다.

본 저서의 집필에는 많은 도움이 있었다. 무엇보다 가족의 사랑과 지원이 큰 힘이 되었다. 많은 시간을 함께 나누지 못한 아쉬움과 미안함을 지면을 통해 가족들에게 고백한다. 연구에 매진할 수 있는 편안한 여건을 제공해주신 동료 교수님들께도 감사드린다. 마지막으로 본 저서는 2006학년도 동국대학교 저서·번역 장려금 지원으로 이루어졌음을 밝힌다.

2006년 여름 연구실에서 저자

# 목 차

# 표 차례

# 제1장 서 론

## 1.1. 연구동기

1997년 말 외환위기와 국제통화기금(IMF) 관리체제를 거치면서 기업들의 구조조정 노력이 가속화되어 왔다. 기업구조조정 과정에서 핵심적인 과제로 등장한 것이 경영투명성과 관련한 문제였다. 경제위기 이전에는 기업 경영이 투명하지 못한 측면 때문에, 자본시장에서 투자자들의 신뢰를 얻지 못하고 기업 가치를 제대로 평가받을 수 없었다. 세계은행으로 불리는 국제부흥개발은행(IBRD)이 구조조정 차관을 제공하면서 사외이사 및 감사위원회 도입과 같은 지배구조 개선을 통하여 경영투명성을 높이라고 요구했던 것도 이러한 맥락에서 이해할 수 있다.

1998년 2월 정부가 경제위기를 극복하고 기업의 경영투명성을 제고하기 위한 목적으로 기업구조조정추진방안을 마련하였는데, 이를 통하여 모든 상장법인에 대해 사외이사 선임을 의무화하였다. 이후 1999년 12월 정부는 상법 개정을 통하여 감사위원회 도입을 명문화하고, 기업들로 하여금 감사위원회와 감사 중 하나를 선택하도록 규정하였다. 증권거래법에서는 2000년부터 자산총액 2조 이상인 법인의 경우 3인 이상의 이사로 감사위원회 설치를 의무화하고 사외이사가 3분의 2 이상이 되도록 감사위원회제도 도입을 의무화하였다.

감사위원회는 독립적인 사외이사로 구성되며, 독립적인 입장에서 경영진을 감독함으로써 회계정보의 신뢰성과 경영투명성을 확보하기 위한 제도이다. 우리나라는 상법상의 감사가 경영진의 회계정보 산출과정을 감시해왔다. 그러나 수차례의 법률 개정을 통하여 감사의 기능을 강화했음에도 불구하고 감사제도는 실질적인 효과를 얻을 수 없었다는 주장이 제기되어왔다. 감사제도가 제 기능을 수행하지 못한 중요한 원인 가운데 하나는 지배주주나 소유경영자로부터 독립성을 확보하지 못했기 때문이라는 것이다. 따라서 감사위원회제도는 기존 감사제도의 한계점을 극복하기 위하여 독립성이 높은 사외이사로 구성되어 경영진에 대한 내부감시 역할과 회계정보의 투명성을 높이기 위한 역할을 수행할 것으로 기대를 모으고 있다.

미국의 경우 최근 엔론사태[1]를 계기로 감사위원회의 역할에 대한 책임론이 대두되면서 감사위원회제도의 효과적인 운영에 대한 관심이 높아지고 있다. 우리나라의 경우 최근에 감사위원회가 도입되어 감사위원회와 관련한 다양한 논의들이 이루어지고 있다. 대체적으로 감사위원회의 도입에 관해서는 공감하고 있으나 제도적인 미비점들을 점차적으로 보완해야 한다는 목소리가 높다. 따라서 감사위원회제도의 도입으로 인한 효과를 실증적인 자료를 이

---

1) 최근 미국의 거대 에너지 회사인 엔론(Enron)은 4년간 6억 불 이상의 손익을 과대 계상한 혐의가 밝혀짐으로써, 자본시장의 신뢰를 상실하여 주가가 하락하고 결국 파산에 이르게 되었다. 엔론 파산 사건에서 감사위원회가 파산에 대한 중요한 책임을 떠안게 되었는데 그 이유는 감사위원회가 엔론 경영자의 회계와 재무보고 과정을 감시·감독하여 회계정보의 신뢰성과 품질을 확보해야 할 책임을 완수하지 못했기 때문이다.

용하여 검증함으로써 효과적인 감사위원회 운영을 위한 기초자료
로 삼을 필요가 있다.

따라서 본 연구에서는 감사위원회 도입으로 인한 효과를 경영자
의 이익조정행위와 관련하여 살펴보고자 한다. 감사위원회의 도입
으로 이익조정 정도가 감소되는지 여부를 살펴보고, 이익조정 정
도에 영향을 미치는 감사위원회 특성을 실증 자료를 이용하여 검
증해 보고자 한다.

## 1.2. 연구 목적 및 의의

본 연구의 목적은 감사위원회 도입이 이익조정에 미치는 영향을
고찰하는 것이다.

첫째, 감사위원회 도입기업과 도입하지 않은 기업 간의 비교를
통하여 감사위원회제도의 도입으로 이익조정 정도가 감소되는지
여부를 파악하고자 한다. 감사위원회 도입이 이익조정에 미치는
영향을 파악함으로써, 외환위기 이후 회계정보의 투명성을 제고하
는 데 핵심적인 역할을 담당할 것으로 기대되었던 감사위원회의
실질적인 효과를 살펴볼 수 있을 것이다.

둘째, 감사위원회 독립성이 이익조정에 미치는 영향을 파악하고
자 한다. 감사위원회는 경영진에 대한 업무감독과 경영진의 재무
제표 작성과정을 감시하는 역할을 담당하고 있기 때문에 대주주나
경영진으로부터 독립성을 확보해야 한다. 독립성을 상실한 감사위

원회가 그 역할을 충실하게 수행하지 못할 것이므로 감사위원회 독립성은 감사위원회의 성패를 결정짓는 핵심적인 특성으로 볼 수 있다. 따라서 감사위원회 독립성이 이익조정 정도에 어떠한 역할을 담당하는지 검증해보고자 한다.

셋째, 이사회 특성이 감사위원회 독립성에 미치는 영향을 살펴보고자 한다. 감사위원회가 제 기능을 수행하기 위해서는 사외이사로 구성된 이사회가 활성화되어야 할 것이다. 감사위원회는 사외이사가 이사회에 다수 참여하는 경우에만 설치가 가능하기 때문이다. 또한 감사위원회는 이사회의 하부기관이므로 이사회 특성이 감사위원회의 역할에 영향을 줌으로써 이익조정 정도에 영향을 미칠 것이다.

넷째, 소유구조가 감사위원회 독립성에 미치는 영향을 살펴보고자 한다. 한국은 지배주주가 경영자를 자신의 통제권 내에 두고 있는 경우가 많아 지배주주 및 경영자와 소액주주 간의 대리인 문제가 심각하다고 알려져 있다. 지배주주가 재무제표를 작성하는 경영자에게 영향력을 행사하여 지배주주의 이해에 맞는 회계정보를 작성하도록 요구하는 경우 이익조정 정도가 커질 수 있다. 그리고 감사위원회 위원의 선임이 주주총회에서 이루어지므로 지배주주 및 경영자가 주주총회에서 영향력을 행사할 수 있는 정도에 따라 감사위원회 독립성이 영향을 받을 수 있다. 따라서 소유구조가 감사위원회의 독립성에 영향을 미치게 되며 이익조정 정도에 영향을 주게 될 것이다.

이러한 연구목적을 달성함으로써 감사위원회제도의 도입과 감사위원회 특성이 경영자의 이익조정에 미치는 효과를 검증해 보는 기회를 제공해 준다. 즉 감사위원회 독립성이 이익조정에 미치는 영향과 이사회 특성 및 소유구조가 감사위원회 독립성에 미치는 영향을 파악해 봄으로써, 감사위원회 도입효과를 검증해보고 감사위원회제도의 운영에 대한 아이디어를 제공해 줄 수 있다. 따라서 본 연구는 이러한 궁금증에 대한 실증적인 근거를 제공함으로써 감사위원회제도를 발전시켜 가는 데 기초자료로 활용될 수 있을 것이다.

## 1.3. 연구구성

본 연구는 다음과 같이 구성되어 있다. 2장에서는 이론적 배경과 선행연구에 대한 검토가 이루어진다. 감사위원회제도에 대한 이해 및 운영 현황과 감사위원회와 관련된 이사회 및 소유구조에 대해 간략히 살펴본다. 그런 다음 감사위원회제도와 관련된 실증연구들을 정리하기로 한다. 3장에서는 연구설계와 관련한 내용이 기술된다. 연구가설과 표본에 대한 설명이 이루어지고 변수에 대한 정의와 측정을 논의할 것이다. 4장에서는 실증분석 결과를 다루었다. 가설에 대한 검증과 연구결과의 타당성을 확보하기 위한 검증이 다루어진다. 마지막으로 5장은 결론으로 연구결과의 요약 및 연구의 한계점, 그리고 발전방향을 기술한다.

# 제2장 이론적 배경 및 선행연구

## 2.1. 이론적 배경

### 2.1.1. 감사위원회제도

감사위원회제도는 이사회제도가 발달한 미국을 비롯한 여러 선진국에서 널리 도입하고 있는 제도이다. 감사위원회는 이사회 산하의 소위원회[2]로 이사회의 위임을 받아 경영진에 대한 감독기능을 수행하며 주로 신뢰성 있는 재무정보의 제공을 위하여 내부통제를 비롯한 여러 가지 감독 업무를 담당하고 있다. 구체적으로 감사위원회는 기업재무활동의 건전성과 타당성 및 재무보고의 정확성 검토, 내부통제시스템 평가, 내부감사 부서 책임자 임명에 대한 동의, 외부감사인의 감사활동에 대한 평가, 외부감사인 후보자 추천 및 감사결과 시정사항에 대한 조치를 확인하는 등의 역할을

---

[2] 이사회 내에 분야별로 위원회를 설치하여 운영하는 이유는 이사회에 의한 경영진 감시를 조직화하고 이사들이 전문적 능력을 효율적으로 발휘할 수 있는 여건을 조성해주기 위해서이다. 따라서 이사회 내에 여러 분야별 위원회를 설치하고 전문성과 관심을 가진 이사들을 배치하여 업무를 분담함으로써 이사들이 시간을 효율적으로 사용함과 동시에 업무수행의 전문성을 유지할 수 있게 된다.
한국상장회사협의회 주최, *한국형 사외이사제도 징립에 관한 심포지엄*, 1999년 2월 5일.

수행하도록 하고 있다.[3]

우리나라의 경우, 1963년에 상법에서 감사제도가 도입된 이후 수차례 개정을 거쳐 현재까지 유지되어 오고 있으나,[4] 그 실효성에 대한 의문이 지속적으로 제기되어 왔다. 감사제도가 제 기능을 수행하지 못한 가장 큰 원인은 감사 선임에 있어 대주주나 소유경영자의 강한 영향력 행사로 감사가 독립성을 확보하지 못했기 때문이라는 의견이 지배적이다. 또한 여러 차례 법제도의 개정에도 불구하고 제도 실행과정에서 감사에 대한 책임을 추궁하는 관행이 정착되지 않아 감사의 기능이 약화되었으며, 이에 따라 감사가 업무를 수행하는 데 필요한 실무적 지원을 제대로 받지 못하였다. 그리고 감사활동에 대한 소액주주의 관심도와 점검수준이 낮았기 때문에 감사의 기능이 제대로 발휘되지 못하였다.[5] 감사위원회제

---

3) 한국의 감사위원회는 경영진의 업무집행에 대한 적법성 감사도 포함하는 것으로 본다.
4) 감사의 권한은 수차례 법률개정을 통하여 계속적으로 강화되어 왔다. 1995년 상법 개정에서 임기를 1년 연장하여 3년으로 하고, 임기 전에 해임될 경우 주주총회에서 의견 진술권을 부여하여 감사의 독립성을 강화하였고, 감사에게 주주총회 소집권을 부여하고 자회사에 대한 감사권을 제한적으로 부여하는 등 감사의 권한을 대폭 강화하였다. 1997년 증권거래법 개정에서는 자산 총액 1,000억 원 이상의 상장법인에 대하여 1인 이상의 상근 감사 선임이 의무화되었다. 또한 소유주식이 3% 이상인 대주주는 감사 선임이나 해임에 있어 3%를 초과하는 지분에 대해서는 의결권을 제한, 소수 주주에게 감사후보제청권 부여, 주총에서 감사 선임에 관한 의안을 이사 선임 의안과 분리하고 감사에 대한 보수도 이사의 보수 결정과 독립된 의안으로 처리하도록 하여 감사의 독립성과 위상을 높였다. 상법 이외에 1998년 유가증권상장규정의 개정으로 상장법인에 대한 사외감사 선임이 권고되었다.
5) 대주주와 그를 대표하는 대표이사가 주주총회, 이사회, 감사를 실질적으로 지배함으로써 경영자를 감독할 수 있는 감독기관이 제대로 작동하지

도는 기존 감사의 한계점을 극복하기 위하여 독립적인 사외이사로 구성되어, 독립적인 입장에서 경영진을 감독하여 회계정보의 신뢰성과 투명성을 확보하기 위한 제도라고 할 수 있다.[6)]

우리나라는 1999년 12월 31일 상법 개정으로 감사위원회를 도입하여 기업이 감사위원회와 감사를 선택할 수 있도록 하였고, 2000년 1월 21일 증권거래법 개정에서는 자산총액 2조 이상인 상장 및 등록 법인에 대하여 감사위원회를 강제하고 있다. 한국의 감사위원회는 미국의 감사위원회를 대부분 참고하였으나 구성이나 운영 면에서 차이가 있다. 아래에서는 한국의 감사위원회 관련 규정, 도입 및 운영현황, 감사제도와의 비교, 미국의 감사위원회제도와의

---

못하고 있다. 많은 회사가 비상근감사를 선임하여 법규에 저해되지 않는 범위 내에서 형식적으로 감사제도를 운영하고 있으며, 상근감사도 회사 내부 출신을 선임하고 있다. 따라서 내부감사 조직이 없는 경우가 많으며 감사가 내부감사 업무를 실질적으로 수행하지 못하고 있다. 또한 감사가 전문적 지식이나 자격을 갖추지 못하여 내부감사 업무의 가장 큰 비중을 차지하는 회계감사 업무를 효과적으로 수행하지 못하고 있으며 감사의 독립성을 확보하기 위한 사외감사제도 역시 형식적으로 운영되는 경우가 많다.

홍복기, "이사회와 그 위원회–감사위원회 도입 여부에 대한 검토", *상장협* 제39호, 1999년 5월, pp.51-71.

양승우, "기업지배구조개선위원회 활동을 마치고", *공인회계사* 1999년 12월, pp.45-49.

최정호·윤순식, "회계정보의 신뢰성 제고를 위한 감사위원회제도의 도입 방안", *회계감사의 사회적 기능 제고 방안 심포지엄*, 1999년 6월 11일, pp.103-131.

유영일, "상근감사와 사외감사제도의 도입 의의와 운영효율화 방안", *상장협* 제37호, 1998년 5월, pp.42-55.

6) 최정호, "감사위원회제도의 효과와 성공적인 정착방안", *상장협* 제41호, 2000년 3월, pp.107-123.

차이 등을 파악하여 감사위원회제도에 대한 이해를 높이고자 한다.

## 1. 감사위원회 관련 규정

상법, 증권거래법, 주식회사의 외부감사에 관한 법률, 그리고 유가증권상장규정과 한국상장회사협의회의 모범규정에서 감사위원회와 관련한 사항들을 규정하고 있다. 이 가운데 상법은 모든 주식회사에 적용되는 가장 일반적인 내용을 담고 있으며, 감사위원회제도와 관련하여 가장 핵심적인 내용을 담고 있는 것은 증권거래법이다. 상장 및 등록법인이 준수해야 하는 증권거래법은 감사위원회에 대해 상법보다 엄격한 규정을 담고 있다. 아래에서는 상법과 증권거래법을 중심으로 감사위원회와 관련한 규정을 살펴본다.7)

### 1) 상법 규정

상법 415조 2에는 감사위원회와 관련한 규정들이 열거되어 있다. 상법 415조의 2 제1항에서 "회사는 정관이 정한 바에 따라 감사에 갈음하여 이사회의 하부 위원회로서 감사위원회를 설치할 수 있다. 감사위원회를 설치한 경우에는 감사를 둘 수 없다(99. 12. 31 신설)"라고 규정하고 있다. 1999년 12월 31일 상법 개정을 통하여 감사위원회제도가 처음 도입되었으며, 기업은 감사위원회와

---

7) 서정우·김용민의 한국공인회계사회 연구용역 중간보고서를 참조하여 재구성하였음.
　서정우·김용민, "한국 기업의 감사위원회의 역할과 책임", *한국공인회계사회 연구용역 중간보고서*, 2002년 2월 28일, p.13.

감사 중에 하나를 선택하도록 되어있다. 기업이 감사에 갈음하여 감사위원회를 선택할 수 있으므로, 감사위원회의 권한·의무 및 책임은 감사와 동일하다. 상법 415조 2의 제2항에서, 감사위원회는 3명 이상의 이사로 구성된 이사회의 하부위원회로서, 적어도 3분의 2는 경영진과 지배주주로부터 독립한 사외이사[8]이어야 한다라고 규정하고 있다. 감사위원회와 관련한 상법 규정을 정리하면 다음과 같다.

<표 2-1> 상법상 감사위원회 설치 및 구성

| 대상 | 감사위원회 설치 | 감사위원회 구성 |
|---|---|---|
| 일반 주식회사 | 감사 또는 감사위원회 선택 가능 | 3인 이상의 이사. 단, 특수이해관계자는 3분의 1을 넘을 수 없음 |

---

8) 감사위원회 위원 중 적어도 3분의 2는 경영진과 지배주주로부터 독립한 사외이사라는 것은 특수이해관계가 있는 자가 위원의 3분의 1을 넘을 수 없다라는 상법 규정을 풀어서 설명한 것이다. 감사위원회 위원으로 선임되는 데 제한을 받는 특수이해관계자의 범위는 상법 제415조의 2 제2항에 규정되어 있으며 구체적인 내용은 다음과 같다.
 ① 회사의 업무를 담당하는 이사 및 피용자 또는 선임된 날부터 2년 이내에 업무를 담당한 이사 및 피용자이었던 자
 ② 최대주주가 자연인인 경우 본인·배우자 및 직계 존·비속
 ③ 최대주주가 법인인 경우 그 법인의 이사·감사 및 피용자
 ④ 이사의 배우자 및 직계 존·비속
 ⑤ 회사의 모회사 또는 자회사의 이사·감사 및 피용자
 ⑥ 회사와 거래관계 등 중요한 이해관계에 있는 법인의 이사·감사 및 피용자
 ⑦ 회사의 이사 및 피용자가 이사로 있는 다른 회사의 이사·감사 및 피용자

24

## 2) 증권거래법 규정

증권거래법 제191조의 17과 제54조의 6에서는 자산총액 2조원 이상인 주권상장법인 또는 협회등록법인에 대해서는 3인 이상의 이사로 구성된 감사위원회 설치를 의무화하고 사외이사가 3분의 2 이상이 되도록 규정하고 있다. 따라서 자산규모가 2조 원 미만인 상장 및 등록법인은 상법규정에서와 같이 감사위원회 도입을 선택 할 수 있다. 증권거래법에서는 감사위원회의 독립성을 확보하기 위하여 감사위원회 위원장은 사외이사가 맡도록 하며, 감사위원회 위원을 주주총회에서 선임 및 해임하도록 하고 있다. 그리고 감사 위원회 위원의 자격에 제한9)을 두고 있다. 증권거래법에서는 이사 회 내에 사외이사를 중심으로 구성된 사외이사후보추천위원회를 설치하도록 규정하고 사외이사를 독립적으로 선임하도록 하고 있 다. 자산 총액 2조 이상인 상장·등록법인에 대해서는 사외이사후 보추천위원회 설치가 의무화 되어있다. 사외이사와 관련하여 증권 거래법에서는 자산규모 2조 원 이상의 상장 및 등록법인의 경우 3

---

9) 자격제한에 관한 자세한 규정은 증권거래법 제191조의 12 제3항에 규정되어 있다.
   ① 미성년자·금치산자 또는 한정치산자
   ② 파산자로서 복권되지 아니한 자
   ③ 금고 이상의 형을 받고 그 집행이 종료되거나 집행을 받지 아니하기 로 확정된 후 2년을 경과하지 아니한 자
   ④ 증권거래법에 의하여 해임되거나 면직된 후 2년을 경과하지 아니한 자
   ⑤ 당해 회사의 주요 주주
   ⑥ 당해 회사의 상근 임·직원 또는 최근 2년 이내에 상근 임·직원이었 던 자
   ⑦ 제5호 및 6호 외에 당해 회사의 경영에 영향을 미칠 수 있는 자로서 대통령령이 정하는 자

인 이상의 사외이사로 이사회를 구성하되 사외이사가 이사 총수의
1/2 이상이 되도록 강제하고 있다. 위의 내용을 정리하면 다음과
같다.

<표 2-2> 증권거래법 규정

| 구 분 | | 감사위원회 | 사외이사후보
추천위원회 | 이사회에서 사외이사
구성 |
|---|---|---|---|---|
| 주권상장법인
또는
협회등록법인 | 자산규모 2조 원
이상 | 강 제 | 강 제 | 이사총수[*1]의 1/2 이상,
적어도 3인 이상 |
| | 자산규모 2조 원
미만 | 임의 선택 | 임의 선택 | 이사총수의 1/4 이상,
적어도 1인 이상 |
| 자산규모 1,000억 원 미만인
협회등록 벤처법인 | | 임의 선택 | 임의 선택 | 임의 선택 |

*1) 법인 등기부상 이사수

자산총액 70억 원 이상의 주식회사는 주식회사의 외부감사에 관
한 법률(이하 외감법)에 의해 외부감사를 받도록 되어있다. 외감
법에서 감사위원회와 관련된 내용은 외부감사인의 선임과 해임에
관한 사항이다. 외감법 제4조 제2항 및 제3항에는 감사 또는 감사
인선임위원회(감사위원회가 있는 경우에는 감사위원회가 감사인선
임위원회의 역할을 수행)의 승인을 얻어 외부감사인을 선임하고,
차후에 정기 주주총회에 보고하도록 되어있다.[10)]
　　한국증권거래소의 유가증권상장규정을 통하여 1998년 2월 사외
이사제도가 최초로 도입되었다. 그러나 2000년 증권거래법 개정에

---

10) 이 규정은 2001년 3월 28일 개정된 외감법의 내용이며, 개정 이전에는
　　감사 또는 감사인선임위원회(감사위원회)의 제청에 의하여 정기 주주
　　총회의 승인을 받도록 되어있었다.

서 사외이사제도와 감사위원회제도에 대한 상세한 규정을 신설함
으로써 유가증권상장규정 내에서 관련 규정은 삭제되었다.

한국상장회사협의회의 상장회사 표준감사위원회규정은 미국의
감사위원회모범규정(Audit Committee Charter)을 반영하여 제정된
것이다. 상장회사 표준감사위원회규정은 감사위원회의 지위와 구성,
선임과 해임, 권한 및 책임 등에 관하여 상세하게 다루고 있다.

## 2. 감사위원회 도입 및 운영 현황

한국상장회사협의회는 2000년 5월 15일 기준으로 12월 결산 상
장회사 576개사 중 분기보고서 미제출사 등 10개사(제출 면제사 2
개사 포함)를 제외한 566개사를 대상으로 분기보고서 상에 기재된
"지배구조 및 관계회사 등의 현황" 중 이사회 및 감사위원회의 운
영현황을 조사·분석[11]하였다. 분석결과를 보면 분석대상회사 566
개사 중 자산규모가 2조 원 이상인 법인으로서 2000사업연도부터
감사위원회를 의무적으로 설치하여야 하는 회사는 73개사이나 이
중 "공기업의 경영구조 개선 및 민영화에 관한 법률"에 의해 설치
가 면제되는 법인 4개사(한국가스공사, 한국전력공사, 담배인삼공
사, 한국전기통신공사)를 제외하면 모두 69개사인 것으로 나타났
다. 감사위원회를 의무적으로 도입해야 하는 69개사 이외에 회사
가 자율적으로 감사위원회를 설치한 12개사[12]를 포함하면 모두

---

11) 한국상장회사협의회, "기업지배구조 개선관련 이사회 및 감사위원회제
　　도 운영 현황", *상장*, 2000년 7월, pp.43-47.
12) 감사위원회를 자율적으로 설치한 회사는 대경기계기술, 대우자동차판
　　매, 대원화성, 대한통운, 미래산업, 제주은행, 태양금속공업, 태평양, 한

81개사가 감사위원회를 도입한 것으로 조사되었다.[13] 또한 이들
회사의 감사위원수는 모두 254명으로 기업당 평균 3명인 것으로
나타났다.

<표 2-3> 감사위원회 설치 여부

(단위: 개사, %)

| 구 분 | 분석대상<br>회사수(a) | 의무설치<br>회사수(b) | 자율설치<br>회사수(c) | 설치 회사수<br>(d=b+c) | 비 율<br>(d/a×100) |
|---|---|---|---|---|---|
| 합 계 | 566 | 69 | 12 | 81 | 14.3 |

감사위원회를 설치한 81개사에 대하여 감사위원회 구성현황을
살펴본 결과는 다음과 같다. 전체 감사위원 254명 중 사외이사가
195명(76.8%), 사외이사가 아닌 상근감사위원은 59명(23.2%)으로
조사되어 법정 사외이사비율인 3분의 2(66.7%)를 충족하고 있는
것으로 나타났다. 한편 감사위원회를 설치하지 않은 회사 485개사
의 감사수는 모두 667명으로 이 중 상근감사가 382명(57.3%), 비상
근감사 240명(36.0%), 사외감사 45명(6.7%)인 것으로 조사되었다.

---

국철강, 한독약품, 한신기계공업, 현대정공 등 12개사로 조사되었다.
13) 2001년 11월을 기준으로 감사위원회를 도입한 회사의 현황을 살펴보면,
의무적으로 감사위원회를 도입한 회사는 81개사이며 자율적으로 감사
위원회를 도입한 회사는 21개사로 나타났다. 따라서 감사위원회가 처
음 도입된 2000년과 비교할 때 감사위원회를 도입한 기업의 수가 증가
한 것으로 볼 수 있다. 자율적으로 감사위원회를 도입한 기업은 금호
종합금융, 대우인터내셔널, 대우자동차판매, 대우통신, 대원화성, 동양
증권, 미래산업, 미래와 사람, 아남반도체, 에스케이케미칼, 엘지산전,
엘지생활건강, 제주은행, KTB네트워크, 태양금속공업, 태평양, 한국철
강, 한독약품, 한불종합금융, 한빛여신전문, 현대엘리베이터 등 21개사
이다.

<표 2-4> 감사위원회 또는 감사의 구성현황

(단위: 명)

| 구 분 | 감사위원회 설치회사(81개사) | | | 감사위원회 미설치회사 (485개사) | | | |
|---|---|---|---|---|---|---|---|
| | 사외이사 감사위원 (a) | 상근 감사위원 (b) | 계 (a+b) | 상근 감사 (c) | 사외 감사 (d) | 비상근 감사 (e) | 계 (c+d+e) |
| 계 | 195 | 59 | 254 | 382 | 45 | 240 | 667 |
| 1사당 평균 | 2.4 | 0.7 | 3.1 | 0.8 | 0.09 | 0.5 | 1.4 |

## 3. 감사와 감사위원회 비교

우리나라의 경우 자산규모 2조 원 이상인 대규모 상장법인 이외에는 회사가 감사와 감사위원회 가운데 하나를 선택할 수 있다. 상법에서 감사위원회는 감사에 갈음하는 기구이기 때문에 감사위원회의 권한, 의무 및 책임은 감사와 동일하다. 한국의 감사위원회는 미국 감사위원회의 포괄적인 회계감사권한에 덧붙여 상법상 감사가 갖고 있는 권한을 추가하여 도입한 것으로 볼 수 있다.

상법상 감사의 경우 회계감사 측면에서는 미국의 감사위원회에 비해 미흡한 권한을 가지고 있으나, 회계감사 이외에 업무감사권을 가지는 등 권한의 폭은 더욱 넓다고 볼 수 있다. 감사제도는 적어도 권한 면에서는 상당히 충실한 것으로 인식되고 있으나 실제 운영 면에서는 제대로 효과를 발휘하지 못한 것으로 평가되고 있다.

<표 2-5> 감사와 감사위원회 비교[14]

| 구 분 | 감 사 | 감사위원회 |
|---|---|---|
| 선 임 | 주주총회 | 주주총회 |
| 구 성 | 최소 1인 이상의 상근 감사 | 3명 이상의 이사로 구성하되 사외이사가 2/3 이상이어야 함 |
| 조직상의 위치 | 이사회와 독립적으로 존재 | 이사회 내의 하부위원회로 존재 |
| 권 한 | · 회계감사권<br>· 업무감사권<br>· 이사의 보고를 받을 권리 | 감사와 동일 |
| 의 무 | · 이사회에 대한 이사의 위법행위 보고 의무<br>· 총회에 제출할 의안 및 서류의 조사 보고 의무<br>· 감사보고서의 제출 의무<br>· 감사록의 작성 의무 등 | 감사와 동일 |
| 설치의무자 | 자산총액 1,000억 원 이상의 법인 | 자산총액 2조 원 이상인 상장 및 등록 법인 |

감사위원회는 여러 감사위원들 간에 업무 분담이 가능하고, 의견교환을 통한 공동 의사결정을 통해서 심리적 부담을 완화할 수 있다. 감사의 수를 늘려서 이러한 효과를 기대할 수도 있으나, 추가적인 비용이 소요되며 사외이사와 감사 간에 책임을 미루거나 혼선이 생길 우려가 있다. 그러나 감사위원회는 이미 선임된 사외이사들로 구성되기 때문에 회사가 부담해야 할 추가비용은 크지 않은 것으로 판단된다.

1998년 이후 한국증권거래소의 유가증권 상장규정에 따라 상장법인은 사외이사를 의무적으로 두도록 되어있다. 이러한 상황하에

---

14) 정민근, "감사위원회제도의 정착을 위한 과제", 공인회계사, 2000년 7월, p.23.

서 기존의 감사제도를 그대로 유지하는 것에 비해 감사위원회를 도입하는 것이 유리할 수 있는 근거로 다음과 같은 사항들을 지적할 수 있을 것이다.15)

첫째, 감사는 상법상 강력한 권한을 가지고 있지만 단독기관이 가지는 한계점이 있다. 경영진의 압력이나 로비에 의해 업무의 독립성을 상실할 가능성이 많고 단독으로 의사결정을 수행해야 하는 부담과 편견에 빠질 우려가 높다.

둘째, 감사의 역할은 적법성감사에 집중되어 있으나 사외이사는 의사결정과정에 직접 참여하여 의사결정의 타당성을 물을 수 있는 위치에 있다. 그리고 이사는 이론적으로 감사와는 달리 이사회를 통하여 경영진을 교체할 수 있는 힘을 가지고 있다.

셋째, 감사위원회는 내부감사와 외부감사를 효율적으로 연결할 수 있는 기능을 수행할 수 있다. 감사의 권한은 내부감사업무에 치중되어 있고 외부감사와의 관계도 명확하지 않은 반면, 감사위원회는 내부감사와 외부감사를 모두 감독하는 기능을 가지고 있어 내부감사와 외부감사의 역할을 조정하고 보완하는 효과를 낼 수 있다.

넷째, 감사제도는 한국과 일본 등에서만 존재하는 특수한 경우인 반면 감사위원회는 보편적인 제도이다. 자본시장 개방으로 외국인 투자자들의 비중과 역할이 증가하는 추세를 감안한다면 외국 투자자들의 이해가능성을 높여 자본비용을 절감할 수 있는 보편적인 감사위원회가 장점을 가질 수 있다.

---

15) 김건식·윤영신, "감사위원회, 어떻게 도입할 것인가", *한국 기업지배구조의 현재와 미래*, 미래경영개발연구원, 2000년, pp.307-330.

다섯째, 감사제도가 그동안 제 역할을 하지 못한다는 지적이 공감대를 형성하고 있기 때문에 새로운 감사위원회제도를 도입하는 것이 큰 부담은 아니라는 점이다. 법률개정을 통한 지속적인 감사의 권한 강화에도 불구하고 사내 감사의 독립성 결여와 업무수행의 비효율성으로 감사제도는 제 기능을 수행하지 못하고 있다.

감사제도와 감사위원회제도는 나름대로의 장·단점을 가지고 있는 제도이기 때문에 직접적인 비교가 가능한 것은 아니다. 다만 얼마나 효과적으로 실행될 수 있을 것인가라는 측면에서 두 제도에 대한 선호도가 결정되어야 할 것이다.

## 4. 한국과 미국의 감사위원회제도 차이

미국은 전문경영자와 주주 사이의 대리인문제가 중요하게 대두된다. 그러므로 미국에서는 주주의 이익을 대변할 수 있는 사외이사를 선임하여 이사회를 구성하고 이사회가 중요한 의사결정을 수행하면서 전문경영자를 감독하는 시스템을 구축하고 있다. 감사위원회는 이사회의 하부 위원회로서 전문경영자에 대한 감독기능을 수행하기 위하여 설치된다.

한국의 경우 전문경영자와 주주 사이의 대리인문제보다 지배주주와 소액주주 사이의 대리인문제가 훨씬 심각하다. 적은 지분을 가진 지배주주가 계열사를 통한 상호출자로 경영을 독점함으로써 소액주주나 채권자의 권리가 손상을 입게 되는 경우가 많다. 이사회는 지배주주의 영향력에서 자유롭지 못하며, 미국의 감사위원회와 비슷한 역할을 수행하던 감사 또한 지배주주로부터 독립성을 확보하지 못하고 있다는

32

지적이 많이 대두되고 있다.

우리나라가 최근 도입한 감사위원회제도는 미국의 감사위원회제도를 기본적인 틀로 삼아 만들어진 것이기 때문에 유사한 점이 많다. 그러나 위에서 본 것처럼 여러 가지 환경의 차이로 인하여 감사위원회의 도입 및 운영에 있어 몇 가지 차이점16)이 존재한다.

## 1) 감사위원회의 위상 및 감사위원회 위원의 선임 및 해임

우리나라의 경우 감사위원회의 조직상 위치가 미국처럼 이사회에 소속된 하부 위원회 가운데 하나이지만, 감사의 역할에 갈음한다고 했기 때문에 기능상으로는 미국 감사위원회보다 이사회로부터 독립적이다.

미국은 이사회 중심의 지배구조를 통하여 주주가 이사회에 영향을 미쳐 투명한 경영과 감독을 할 수 있도록 해준다. 감사위원회 위원의 선임과 해임은 이사회에서 이루어진다. 왜냐하면 이사회가 감독의 주체이고 감사위원회는 이사회에 소속된 전문위원회로 경영진의 업무 및 회계에 대한 위법성을 감사함으로써 이사회의 감독기능을 지원하는 역할을 수행한다.

한국의 경우는 최상위 기관인 주주총회에서 일부 권한을 이사회에 위임하고, 이사회와 경영자의 활동을 감시하기 위해 감사를 활용하는 지배구조를 가지고 있다. 이사회가 지배주주의 영향력하에 있고 자본시장을 통하여 지배주주를 견제할 수 있는 제도적 장치도 미비했기 때문에, 주주총회에서 선임되는 감사가 이사회와 경영진을 감독하는 구조가 된 것이다. 그러므로 한국의 경우 감사위

16) 서정우 · 김용민(2002), p.13.

원회 위원의 선임과 해임은 이사회가 아닌 주주총회에서 이루어지고 있다. 그리고 주주총회에서 감사위원의 선임 및 해임에 관한 의사결정을 내릴 때 의결권이 없는 주식을 제외한 발행주식총수의 3%를 초과하는 주식을 가진 주주는 초과하는 주식에 대해서는 의결권을 행사하지 못하도록 되어 있다.

### 2) 감사위원회의 권한 범위

미국의 경우 감사위원회는 회계감사에 초점을 맞추고 있으나 한국 감사위원회는 회계감사권한에 덧붙여 업무감사권한도 포함하는 것으로 이해되고 있다.

### 3) 외부감사인의 선임

미국의 경우 감사위원회의 추천으로 이사회에서 외부감사인을 임명하지만,[17] 한국의 경우 감사위원회의 승인을 얻어 회사가 외부감사인을 임명하도록 되어있다. 감사위원회가 외부감사인 선임과 업무감사권한을 가지는 것 등은 한국의 감사위원회가 형식상 이사회의 하부기관으로 되어있으나 실질적으로 이사회 활동을 견제하도록 하려는 취지를 갖고 있는 것으로 볼 수 있다.

### 4) 감사위원회의 사외이사비율

한국의 경우 감사위원회 구성에 있어 전원 사외이사일 필요가 없다. 자산규모 2조 원 이상인 대규모 상장기업의 경우 3분의 2

---

17) 미국의 경우 경영자가 외부감사인을 감사위원회에 추천하면, 감사위원회는 추천받은 외부감사인의 전문가적 자질, 평판, 감사보수 등을 경영자 및 내부감사부서 책임자와 함께 검토한다. 그런 다음 이사회에 보고하여 승인을 받게 된다.

이상만 사외이사이면 된다. 그러나 미국의 상장 및 등록법인은 전
원 사외이사로 감사위원회를 구성해야 한다.[18]

### 5) 감사위원회의 보조장치

한국의 경우 감사위원회의 보조장치가 부족한 것으로 평가된다.
미국의 경우 실무를 담당하는 내부감사인이 지속적인 감독을 하고
그 방향과 내용을 감사위원회와 협의하여 감사기능이 수행된다.
한국의 경우는 감사위원회를 두는 경우 내부감사를 둘 수 없도록
되어있기 때문에 기업 내부조직의 지속적인 협조를 확보하지 못하
는 경우가 생길 수 있다.

이외에도 한국의 경우 미국에 비해 감사위원회 위원의 독립성
요건이 완화되어 있다.[19] 감사위원회 위원의 전문성 요건과 관련

---

18) 미국의 경우 감사위원회가 언제부터 활동을 시작했는지에 대한 명확한
근거가 없지만, 1940년 증권거래위원회(SEC)에서 감사위원회 설치를
권고한 것을 그 시초라고 보는 것이 일반적이다. 기업의 분식결산 등
회계보고에 대한 책임이 강화됨에 따라서 1967년 미국공인회계사회가
사외이사로 구성되는 감사위원회를 설치해야 한다고 주장하였다. 1974
년 증권거래위원회가 상장법인의 경우 감사위원회 설치 여부를 공시하
도록 요구하면서 감사위원회 구성에 대한 요건이 강화되었다. 이후
1978년 7월 1일부로 경영진과 완전히 독립적인 사외이사로만 구성된
감사위원회를 구성하도록 의무화되기에 이르렀다(정민근, 2000). 미국
의 NYSE, AMEX, NASDAQ이 전원 사외이사로 감사위원회를 구성
하도록 규정하고 있어, 미국의 상장 또는 등록법인의 경우 감사위원회
는 전원 사외이사로 구성되어 있다.

19) 1992년 미국법률가협회(American Law Institute)가 공표한 "회사지배
구조의 원칙: 분석과 권고(Principles of Corporate Governance- Analysis
and Recommendation)"에서는 감사위원회 위원은 3인으로 하되, 최근
2년 사이에 회사에 고용된 적이 없는 이사들만이 감사위원회 위원이
될 수 있으며 그중 반수는 회사의 고위집행임원과 중대한 관계

하여 미국의 경우 기본적인 회계와 재무에 관련된 지식을 겸비한 감사위원회 위원의 선임을 요구하고 있으나 한국의 경우 감사위원회 위원의 전문성과 관련한 규정이 명시되어 있지 않다.[20]

---

(significant relationship)가 없어야 한다. 여기서 중대한 관계란 최근 회계연도 말에 다음과 같은 사항에 해당되는 것을 말한다. ① 이사가 회사의 사용인이거나 최근 2년 이내에 사용인이었던 경우, ② 현재 회사의 임원 또는 최근 2년 이내에 고위집행임원이었던 자의 직속가족(immediate family), ③ 이사가 회사에 대하여 또는 회사로부터 최근 2년 이내에 20만 달러를 초과하는 상업적 지급을 했거나 받은 경우, 또는 이사가 의결권을 가지는 사업조직에 대하여 또는 그러한 사업조직으로부터 회사가 최근 2년 이내에 이사의 지분권 비율을 곱하여 계산한 금액이 20만 달러를 초과하는 상업적 지급을 하였거나 받은 경우, ④ 이사가 주요 관리자로 있는 사업조직에 대해 또는 그러한 사업조직으로부터 최근 2년 이내에 당해 사업조직의 당해 연도 연결총수익(consolidated gross revenue)의 5% 또는 20만 달러 중 많은 액수를 초과하는 상업적 지급을 하거나 받은 경우, ⑤ 최근 2년 이내에 회사에 대해 법률자문을 한 법률회사(law firm) 또는 회사의 자문을 하거나 간사인수인이었던 투자은행(investment banking firm)과 직업적 자격에서 관계가 있는 자(김건식·윤영신, 1998).

20) 1998년 미국 증권거래위원회의 요청으로 뉴욕증권거래소(The New York Stock Exchange)와 전국증권업협회(The National Association of Securities Dealers)는 공동으로 Blue Ribbon Committee를 구성하여 효과적인 감사위원회에 대한 규정을 마련한 바 있다. 위원회가 1999년에 발표한 보고서의 주요 내용은 감사위원회의 구성원인 사외이사가 독립성(independence), 전문성(financial literacy), 책임성(responsibility)을 갖춰야 감사위원회가 성공적으로 도입될 수 있다고 한다. Blue Ribbon Committee에서 감사위원의 자격요건으로 권고한 감사위원의 전문성이란 감사위원회 위원들이 재무사항을 이해할 수 있는 능력(financial literacy)이 있어야 함을 의미하고 있으며, 감사위원회 위원 중 최소 한 명은 회계 및 재무관련 전문인으로 충원할 것을 권고하고 있다.(Blue Ribbon Committee on Improving the Effectiveness of Corporate Audit Committees, The Report and Recommendations of the Blue Ribbon

## 5. 감사위원회의 성공적인 도입을 위한 요건[21)

감사위원회제도를 단순히 도입하는 것만으로 성공이 보장되는 것은 아니다. 감사위원회가 성공적으로 도입되기 위해서는 다음과 같은 여러 가지 제반 여건들이 마련되어야 할 것이다.

첫째, 감사위원회가 감독기능을 효과적으로 수행하는 데 있어 가장 중요한 요건은 감사위원회의 독립성 확보 문제이다. 감사위원회는 경영진의 업무집행을 감사대상으로 하기 때문에 대주주나 경영진으로부터의 독립성을 확보하는 것이 중요하다. 감사위원회 위원들이 지배주주나 경영진으로부터 독립성을 확보하지 못한다면 감사위원회가 제 기능을 수행하리라는 보장이 없다. 따라서 독립성의 관점에서 본다면 감사위원회는 사외이사만으로 구성되는 것이 바람직하며 감사위원회에 사내이사를 참여시킨다면 감사위원회의 독립성이 훼손될 우려가 있다. 현재 증권거래법에서는 감사위원의 3분의 2 이상을 사외이사로 하여 감사위원회를 구성하도록 규정하고 있다. 그러나 미국을 비롯한 주요 각국은 전원 사외이사로 구성된 감사위원회를 권고하고 있다. 그러므로 감사위원회의 독립성을 확보하기 위해서는 장기적으로 전원 독립적인 사외이사

Committee on Improving the Effectiveness of Corporate Audit Committees, The New York Stock Exchange and The National Association of Securities Dealers, 1999) 미국 증권거래위원회(Securities and Exchange Commission)는 Blue Ribbon Committee 보고서 내용을 대부분 수용하였다. 또한 뉴욕증권거래소(NYSE), 미국증권거래소(AMEX), NASDAQ등에서도 위원회의 권고를 받아들임으로써 미국 주요 기업들은 엄격한 감사위원회를 설치하게 되었다.
21) 최정호(2000), 김건식·윤영신(2000)의 내용을 재구성하여 정리하였음.

로 감사위원회를 구성해야 할 것이다. 감사위원회의 독립성과 관련하여 사외이사가 상근하는 것도 바람직하지 않을 수 있다. 상근하는 경우 경영진과 감사위원인 사외이사 간에 친밀한 관계가 형성될 가능성이 높고, 직업으로서의 업무수행인 경우 소신 있는 처신이 곤란해 질 수 있다.

둘째, 감사위원회의 전문성이 확보되어야 할 것이다. 미국의 경우 감사위원회 위원은 기본적인 회계 및 재무 지식을 요구하고 있으나 한국의 경우 전문성에 대한 규정은 명시되어 있지 않다. 감사업무에 대한 전문성을 갖춘 감사위원들로 감사위원회를 구성하는 것이 감사위원회의 효과성을 높일 수 있는 전제조건이 될 것이다. 그러므로 감사위원회를 구성하는 사외이사 가운데 적어도 1인 이상은 회계나 감사업무에 대한 전문성을 갖추도록 해야 할 것이다.

셋째, 감사위원회는 단독기관이 아닌 협의체 기관이다. 따라서 감사위원 간의 공동보조를 통하여 업무분장과 심리적인 책임을 나누어 부담할 수 있는 장점이 있다. 이러한 협의체 기관의 장점을 살리기 위해서는 3명 이상의 감사위원으로 감사위원회가 구성되어야 할 것이다.

넷째, 감사위원회는 회사의 내부감사와 외부감사가 상호보완적으로 이루어질 수 있도록 역할을 수행해야 한다. 외부인사로 구성되는 감사위원회가 일상적으로 이루어지는 경영감독 책임을 완수하기 어렵기 때문에 감사위원회와 더불어 내부감사책임자가 있어야 한다. 그리고 감사위원회는 내부감사제도를 정비하고 감사책임자를 관리할 수 있는 역할과 책임이 주어져야 할 것이다.

감사위원회가 담당한 내부통제장치가 원활하게 이루어지는 경우 외부감사기능이 더욱 효과적으로 이루어 질 수 있을 것이다. 감사위원회는 외부감사인을 선임할 때 감사범위와 감사절차를 포함한 감사계획과 감사보수를 검토하여 적절성 여부를 결정한다. 또한 감사인의 독립성에 영향을 줄 수 있는 요인을 파악하여 객관적이고 공정한 기준에 의해서 외부감사인을 선정하고 적절한 감사보수 수준을 결정할 것이다.

선임된 외부감사인과 감사위원회는 내부통제제도에 관한 의견을 교환하고 개선방안을 모색하여 경영자에게 권고할 수 있다. 또한 외부감사인의 감사가 완료된 후 외부감사인과 경영진 간에 회계처리에 관한 의견이 일치되지 않는 경우, 감사위원회가 의견교환을 통하여 조정하는 역할을 해야 할 것이다.

이외에도 감사위원회가 성공적으로 도입되기 위해서는 감사위원회 위원들의 적극적인 참여가 요구되며, 회사의 내부정보가 감사위원회에 충분히 제공되어야 한다. 또한 필요한 경우 외부전문가의 도움을 받을 수 있도록 충분한 예산지원이 뒷받침되어야 할 것이다.

## 2.1.2. 사외이사제도

사외이사란 대표이사를 포함한 경영진으로부터 독립적이고 일상업무에 종사하지 않는 이사를 말한다. 사외이사는 주주총회에서 선임되지만 회사에 상근하여 업무를 집행하지 않는다. 또한 사외이사는 이사회의 구성원이므로 회의에 출석하여 제출의안에 대한 심의를 함으로써 회사의 경영의사결정에 관여하는 이사이다. 사외이사제도가 도입된 목적은 경영진으로부터 독립된 사외이사를 이사회의 구성원으로 선임함으로써, 경영에 관한 의사결정의 투명성을 높이고, 대표이사 등 경영진의 업무집행에 대한 이사회의 감독 기능을 강화하여 회사경영의 효율성을 제고하며 나아가 주주의 이익을 극대화하기 위해서이다.

과거 우리나라 대부분의 기업들은 지배주주가 경영권을 장악하고 이사회를 업무담당이사로 구성하여 경영자 중심으로 계선 조직화함으로써 이사회를 지배하는 경우가 대부분이었다. 이사회가 본래의 기능을 수행하지 못하고 대표이사가 결정한 사항을 단순히 추인하는 역할을 수행함으로써 이사들의 소신 있는 발언과 의결권 행사는 기대하기 어려웠다.22) 정부는 1998년 2월 경제위기를 극복하고 기업의 경영투명성을 제고하기 위한 목적으로 마련한 기업구조조정추진방안을 통해 상장법인에 대하여 사외이사의 선임을 의무화하였다.23) 증권거래소의 유가증권 상장규정 제48조의 5 제1항에서 상장법인은 이사수의 4분의 1 이상을 사외이사로 둘 것을 상장요건으로 지정한 것이다. 이어 2001년 증권거래법의 개정으로 상장법인뿐만 아니라 협회등록법인(자산총액 1천억 원 미만인 벤처기업 제외)도 총이사수의 4분의 1 이상을 사외이사로 선임하도록 하였다. 그리고 직전 사업연도 말 자산총액 2조 원 이상인 상장법인 및 협회등록법인은 총이사수의 2분의 1 이상, 최소 3인을 사외이사로 선임할 것을 의무화하였다.24) 사외이사제도에 대한 규

---

22) 이사회가 사장, 부사장, 전무, 상무 등 사내이사로 구성되고, 이사들 간에 상하관계가 형성되어 감독기능을 수행할 여지가 거의 없었다.

23) 1997년 초 현대그룹이 최초로 사외이사제도를 자율적으로 도입하였는데 이것이 사외이사제도 도입의 시초라고 볼 수 있다.

24) 한국상장회사협의회, *사외이사선임제도 개선방안에 대한 심포지엄*,

정은 〈표 2-6〉에 정리하였다.[25]

사외이사의 가장 핵심적인 기능은 경영진에 대한 감독이다. 경영진 감독의 전면에 위치하고 있는 것이 사외이사들로 구성된 감사위원회이다. 감사위원회가 제대로 기능하기 위해서는 위원의 전부 또는 압도적 다수가 사외이사로 구성되어야 할 것이다. 물론 사외이사의 비중을 증가시키는 것과 감사위원회를 설치하는 것은 다른 문제이다.[26] 현행법상 특정 회사가 사외이사를 상당수 선임하더라도 감사위원회를 설치하지 않는다면 회계감사에 대한 권한은 이사회가 아니라 감사가 보유하게 된다. 그러나 사외이사의 수를 증가시키면서 감사위원회를 설치하지 않고 적극적인 감사활동의 수행을 위해 감사의 수를 늘리는 것은 감독비용을 과다하게 증가시키게 될 것이다. 또한 사외이사는 감사보다 감독권을 폭넓게 행사할 수 있는 장점이 있다. 만약 이사회가 충분한 정보를 토대로 신중한 검토를 거쳐서 적법하게 의사결정을 내린 경우에는 감사가 그 결정이 부당하다고 판단하더라도 저지하기 어렵다. 즉 이사회의 의사결정에 간섭할 수 있는 범위가 좁다는 것이 바로 감사의 한계점으로 볼 수 있다.[27] 이처럼 권한이 한정되는 감사와 달

---

2002년 4월 18일, pp.1-3.

25) 사외이사는 상법상의 제도는 아니고 증권거래법에서 상장회사와 협회등록법인을 대상으로 강제하는 제도이다.(한국상장회사협의회·한국증권거래소, *사외이사직무수행규준해설*, 2001년 7월)

26) 사외이사가 이사회의 반수에 미달하는 경우에는 이사회의 중립적인 결정을 기대하기 어렵다. 또한 사외이사가 이사회의 반수를 차지한다고 하더라도 사내이사들이 단합하여 행동하고 사외이사들 사이에 긴밀한 협조가 이루어지지 않는다면 이사회에서 중립적인 결정을 기대하기 어려워질 수 있다. 그러나 감사위원회는 사외이사가 다수를 차지하므로 감독권에 관한 한 중립적인 의사결정이 가능할 수 있다.

리 사외이사는 특정 의안이 적법하기는 하지만 부당하다고 판단되는 경우에는 이사회에 반대하여 저지할 수 있다. 따라서 감사위원회제도가 성공적으로 도입되기 위해서는 사외이사의 독립성 확보를 비롯한 사외이사제도의 정착이 필수적이다.

<표 2-6> 사외이사제도 규정[28]

| 구 분 | 주권상장법인 | 증권회사 |
|---|---|---|
| 근 거 | -증권거래법 제191조의 16 | -증권거래법 제54조의 5 |
| 대상<br>법인 및<br>인원 | ·일반법인: 이사총수의 1/4 이상<br>·자산총계 2조 원 이상 상장법인: 3인 이상, 이사총수의 1/2 이상(2000년도 결산 정기 주총 전까지는 3인 이상, 1/2 미만 가능) | ·자산총계 2조 원 이상인 종합 증권업을 영위하는 증권회사: 3인 이상, 이사총수의 1/2 이상 |
| 예 외 | ·증권투자회사법에 의한 증권투자회사인 주권상장법인: 사외이사의 역할을 수행하는 감독이사의 수가 운영이사의 수보다 많도록 구성해야 됨(증권투자회사법 제17조 제2항)<br>·회사정리법(249조)에 의한 회사정리절차 개시법인: 사외이사 선임의무 배제<br>cf. 화의: 사외이사 선임해야 됨<br>·주권 신규상장법인: 신규상장 후 최초로 소집되는 정기주총에서 사외이사 선임해야 됨 | ·증권업 중 일부만 허가 받은 경우<br>·외국증권업자의 국내지점 기타 영업소<br>·정기 주총일로부터 6월 이내 합병 등으로 소멸 확정시<br>·회사정리법에 의한 회사정리절차가 개시된 경우<br>·파산선고를 받거나 해산을 결의한 경우 |

한국상장회사협의회는 2001년 6월 30일을 기준으로 상장법인 693개사 중 증권투자회사 1개사와 회사정리절차개시법인 61개사를

---

27) 김건식·윤영신(1998).
28) 송명훈, *사외이사관련 법규 및 운영 현황-주요국 사외이사제도 포함*, 한국증권거래소, 2001년 11월.

42

제외한 631개사를 대상으로 상장법인의 사외이사 선임현황을 조사
하였다.29) 631개 상장사 중 사외이사를 선임하지 않은 5개사를 제
외하고, 총 626개사가 1,440명의 사외이사를 선임한 것으로 나타났
다. 회사당 평균 사외이사수는 2.3명이며, 사외이사가 1명인 기업
이 205개사(32.3%), 사외이사수가 2명인 기업이 266개사(41.9%),
그리고 3명은 84개사(13.2%)로 나타났다. 사외이사의 직업별 분포
는 경영자 출신이 363명으로 전체 사외이사의 24.8%에 해당하며
교수가 262명으로 17.9%, 그리고 변호사 132명으로 9%로 나타났
다. 임기는 3년이 1,116명으로 77%를 차지했고 1년 임기의 사외이
사가 138명으로 9.6%에 달하는 것으로 나타났다.

## 2.1.3. 소유구조

소유와 경영의 분리에 따른 대리인문제는 일반적으로 전문경영
자에 의한 대리인비용을 발생시키게 된다. 미국과 같이 소유와 경
영이 잘 분리되어 있는 경우 전문경영자에 의한 대리인비용이 발
생하게 되고, 소유집중은 전문경영자를 감시·감독하는 힘을 갖게
하여 대리인비용을 감소시키는 대안이 될 수 있다. 그러나 한국
상장기업의 경우 대부분 대주주가 경영권을 장악하고 있기 때문에
대주주 및 경영자와 외부주주인 소액주주와의 이해상충 문제가 심
각하여 소유경영자에 의한 대리인비용이 발생한다.30) 그러므로 한

---

29) 한국상장회사협의회, "2001년 상장회사 사외이사 현황", *상장*, 2001년 7월,
    pp.57-61.
30) 최운열·이정진, *새로운 패러다임하에서의 한국 기업의 바람직한 지배*

국의 경우 주식소유의 집중에 의한 경영자 감시는 의미가 없게 된
다. 그리고 대주주1인의 소유자 경영체제가 갖는 경영투명성의 결
여는 해외투자가들이 한국 기업에 대해 큰 불신을 갖게 된 중대한
요인으로 작용하였다.

과거 한국 경제성장의 원동력이었던 대기업 집단은 소수의 특정
인과 그 가족에게 소유가 집중되어 있었고 이를 바탕으로 계열기
업에 출자하여 그룹 전체를 지배할 수 있는 힘을 가지게 되었
다31). 대기업 집단의 성장 이면에는 정부 주도의 산업화 정책에
따른 보호육성과 금융기관을 통한 금융특혜가 큰 역할을 수행하였
다. 정부의 지원과 특혜로 대기업 집단의 대주주들은 비교적 적은
투자액으로 많은 기업들을 쉽게 장악할 수 있게 된 것이다. 이러
한 배경을 통해 성장한 대기업 집단은 대주주에 의한 경영권 독점
과 세습이라는 특수한 소유구조를 형성함으로써 전문경영인의 양
성체제가 미흡한 개인자본주의 성격을 벗어나지 못하고 있는 실정
이었다.

지배구조32)측면에서 살펴보면 대주주가 주주총회의 의결권을

---

구조, 집문당, 2001년, p.24.

소유경영자의 독단적인 경영으로 인해 비급여성 경비지출이 확대되고,
지배주주의 이익을 위한 자기거래가 행해지며, 비관련 다각화를 위한
과다투자 등이 이루어지고 있다. 지배주주는 절대적 지배권을 행사하
는 과정에서 기업의 부를 재분배할 수 있으며, 이는 외부주주, 종업원,
채권자의 몫을 빼앗는 결과를 초래할 수 있다.

31) 외환위기 이전 우리나라 상장기업의 경우 대주주1인의 평균지분율(내
부지분율)은 26.8%(개인 8.1% 및 법인 18.7%)에 달하며 많은 기업들
이 계열관계를 형성하고 있어 경영권 분쟁이 발생하는 경우 계열기업
의 지원을 받을 수 있는 위치에 있었다.

32) 기업지배구조(corporate governance)란 일반적으로 주주가 자신의 이익

장악하고 이사회를 구성하여 대표이사를 임명하였다. 법적으로 기업의 최고경영진은 대표이사로서 명목상 경영활동을 보장받을 수 있으나 실제로는 한정된 범위 내에서 경영권을 행사할 수밖에 없었다. 대주주는 기업을 지배하는 총수로서 최고경영권을 행사하며 그 결과에 대한 책임은 선임된 대표이사에게 주어져 왔다. 대기업집단은 비서실 또는 기획조정실과 같은 중앙통제기관을 이용하며 총수가 모든 계열회사를 실질적으로 통제할 뿐만 아니라 총수의 전횡을 견제할 수 있는 장치도 없었다.[33] 즉 대주주경영자가 절대적인 위치에서 의사결정을 독점하였기 때문에 주주의 입장을 대변하는 이사회를 구성하기 어려웠으며, 내부지분율이 높고 기업 간 계열관계가 형성된 소유구조였기 때문에 적대적 기업인수와 같은 자본시장을 통한 경영권 통제가 활성화되기 어려웠다.

이러한 소유·지배 구조하에서 사외이사제도가 원래의 취지를 달성하기 위해서는 사외이사가 대주주와 경영진과는 독립적인 입장에서 경영진을 감시해야 할 필요성이 있다. 사외이사제도를 기반으로 활성화될 수 있는 감사위원회제도의 성패도 소유구조와 무관하기 어렵다. 감사위원회제도는 단일 이사회제도가 발달한 서구에서 도입되어, 소유와 경영이 분리된 기업지배구조하에서 효과적인 감시 및 감독기능을 수행할 수 있을 것이다. 한국과 같이 소유

---

을 보호하기 위하여 자신을 대신하여 경영을 맡고 있는 경영자의 의사결정을 통제하는 메카니즘을 통칭한다. 기업지배구조의 구성요소로는 주주, 주주총회, 이사회, 감사, 외부감사인, 채권자 등이다.
송명훈, "지배구조 모범기업 사례", *공인회계사* 2001년 8월, pp.75-78.
33) 박내회, "한국 기업의 지배구조 방향에 관한 연구", *서강경영논총* 제11-2집, 2000년, pp.99-114.

와 경영이 분리되어 있지 않고 지배주주인 경영자가 이사회를 통제하고 있는 지배구조하에서 감사위원회의 역할은 제한적일 수 있다. 이사회의 상위기관인 주주총회에서 감사위원회의 감사위원을 선임하기 때문에 소유구조가 감사위원 선임에 영향을 줄 수 있다. 물론 주주총회에서 감사위원의 선임과 해임에 관한 의사결정을 내릴 때 의결권이 없는 주식을 제외한 발행주식총수의 3%를 초과하는 주식을 가진 주주는 초과하는 주식에 대해서는 의결권을 행사하지 못하도록 되어있으나 실효성이 없는 실정이다.


## 2.2. 선행연구


감사위원회 도입효과와 관련하여 외국 문헌을 중심으로 선행연구를 정리한다.

Pincus 등(1989)[34]은 감사위원회를 자발적으로 도입하는 기업의 특성을 조사하였다. 경영자의 지분율이 낮을수록, 부채비율이 높을수록, 대규모 기업일수록, 이사회에서 차지하는 사외이사비율이 높은 기업일수록, 대규모 감사법인에 의해서 감사받는 기업일수록 감사위원회를 자발적으로 도입하는 것으로 나타났다.

Bradbury(1990)[35]도 감사위원회를 자발적으로 도입하고 있는

---

34) K. Pincus, M. Rusbarsky, and J. Wong, "Voluntary Formation of Corporate Audit Committees among NASDAQ Firms", *Journal of Accounting and Public Policy* 8, 1989, pp.239-265.
35) M. Bradbury, "The Incentives for Voluntary Audit Committee Formation", *Journal of Accounting and Public Policy*, 1990, pp.19-36.

기업의 특성을 분석하였다. 연구결과 이사회 구성원수와 계열기업 간 소유지분율이 감사위원회 도입에 중요한 영향을 미치는 것으로 나타났다.

McMullen(1996)[36]은 허위 재무보고에 대한 주주의 소송, 분기보고서의 이익 수정, 증권거래위원회의 제재, 경영자의 불법행위, 회계와 관련하여 회사와 감사인 간의 분쟁으로 감사인을 교체한 기업군 등 5가지 표본기업과 무작위로 100개의 통제기업을 선정하여 감사위원회 설치 여부의 차이를 조사하였다. 연구결과 감사위원회를 도입한 기업이 주주의 소송, 순이익 수정, 증감원 제재, 불법행위, 감사인 교체 정도가 줄어드는 것으로 나타났다. 이러한 결과는 감사위원회가 내부통제기구로서의 역할을 수행하고 있다는 실증적 증거를 제시하고 있다.

Menon · Willams(1994)[37]는 감사위원회의 도입 여부가 아니라 감사위원회의 운영 실태가 그 효과를 결정할 것이라는 전제하에 감사위원회 회의 개최횟수와 감사위원회의 구성을 조사하였다. 연구결과 사외이사수가 많을수록 감사위원회에 내부 위원이 배제되고 있으며 감사위원회가 더욱 활성화되는 경향이 있었다. 또한 기업의 규모가 클수록 감사위원회의 개최횟수가 증가되고 있는 것으로 나타났다.

---

36) D. McMullen, "Audit Committee Performance: An Investigation of the Consequences Associated with Audit Committee", *Auditing: A Journal of Practice & Theory*, Spring, 1996, pp.87-103.

37) K. Menon and J. D. Williams, "The Use of Audit Committees for Monitoring", *Journal of Accounting and Public Policy*, Summer 1994, pp.121-139.

Scarbrough 등(1998)[38]은 캐나다 제조업체를 대상으로 설문조사를 실시한 결과, 독립적인 사외이사로 구성된 감사위원회가 내부감사계획과 내부감사결과를 더 많이 검토하고 내부감사인과 많은 접촉 기회를 가지는 것으로 나타났다. 이러한 결과는 독립적으로 구성된 감사위원회의 효과성을 나타내는 결과로 볼 수 있다.

Abbott · Parker(2000)[39]는 감사위원회 특성과 외부감사인 선임과의 관계를 살펴보았다. 연구결과 독립성이 높고 활동적인 감사위원회는 감사품질이 높은 산업에 정통한 외부감사인을 선임하는 것으로 나타났다. 이러한 결과는 감사위원회 특성이 외부감사인 선임에 영향을 미친다는 사실을 검증함으로써 감사위원회의 기능을 이해하는 데 도움을 주고 있다.

Carcello · Neal(2000)[40]은 재무적 어려움에 봉착한 기업을 대상으로 감사위원회의 독립성이 외부감사인의 보고행위에 미치는 영향을 조사하였다. 연구결과 감사위원회 내에 사외이사가 아닌 위원비율이 높아질수록 계속기업 관련 감사의견을 받는 경우가 줄어드는 것으로 나타났다. 이러한 결과는 이사회 내에 사외이사비율이 증가되어 감사위원회의 독립성이 높아질수록 외부감사인의 보

---

38) D. Scarbrough, D. Rama and K. Raghunandan, "Audit Committee Composition and Interaction with Internal Auditing: Canadian Evidence", *Accounting Horizons*, March 1998, pp.51-62.

39) L. J. Abbott and S. Parker, "Auditor Selection and Audit Committee Characteristics", *Auditing: A Journal of Practice & Theory* Vol.19, No.2, Fall 2000, pp.47-66.

40) J. V. Carcello and T. L. Neal, "Audit Committee Composition and Auditor Reporting", *The Accounting Review*, Vol.75(4), 2000, pp.453-468.

고행위가 정확해질 수 있음을 보여주는 것이다.

Beasley(1996)[41]는 회계분식이 있었던 기업과 회계분식이 없었던 기업 간에 이사회 특성 차이를 조사하였다. 연구결과 감사위원회의 도입 여부는 회계분식의 발생과 관련이 없는 것으로 나타났다. 그러나 이사회에서 사외이사가 차지하는 비중이 높을수록 회계분식이 적게 발생하는 것으로 나타났다. 그리고 사외이사의 주식소유비율이 높을수록, 사외이사 근무경력이 많을수록, 타 회사의 사외이사를 겸직하는 이사수가 적을수록 회계분식 가능성이 감소하는 것으로 나타났다. 이러한 연구결과는 감사위원회 도입 여부보다는 이사회의 구성이 회계분식을 줄이는 데 중요한 역할을 한다는 사실을 보여준다는 점에서 의의가 있다.

Vicknair 등(1993)[42]은 뉴욕증권거래소에 상장된 100개 기업들을 대상으로 이사회의 구성을 살펴본 결과, 이사회에 경영자의 친척, 기업고문, 계열회사 임원, 해당 기업의 퇴임임원과 같은 이사(grey area directors)들이 구성원으로 포함되어 있음을 조사하였다. 이러한 이사회 구성은 감사위원회의 독립성에 부정적인 영향을 미치는 것으로 나타났다.

Beasley · Salterio(2001)[43]은 캐나다 기업을 대상으로 이사회 특

---

41) M. Beasley, "An Empirical Analysis of the Relation between the Board of Director Composition and Financial Statement Fraud", *The Accounting Review* Vol.71. No.4, 1996, pp.443-465.

42) D. Vicknair, K. Hickman, and K. Carnes, "A Note on Audit Committee Independence: Evidence from the NYSE on Grey Area Directors", *Accounting Horizons*, Vol.7 No.1, 1993, pp.53-57.

43) M. Beasley, and S. Salterio, "The Relationship between Board Characteristics and Voluntary Improvements in Audit Committee

성이 감사위원회 특성에 미치는 영향을 연구하였다. 연구결과 이
사회에서 사외이사가 차지하는 비중이 높고, 최고경영자와 이사회
의장의 직위가 분리되어 있을 때 감사위원회 규정에 따라 의무적
으로 선임해야 하는 최소한의 기준 이상으로 사외이사를 선임하는
경향이 높은 것으로 나타났다.

Klein(2000)[44]은 감사위원회 및 이사회 특성이 이익조정과 어떤
관계를 갖는지 조사하였다. 연구결과 감사위원회 독립성과 이익조
정 간에는 음의 관계가 나타났다. 또한 최고경영자의 주식소유비
율이 높은 경우와 외부 대주주가 감사위원회에 참여하는 경우에는
이익조정이 줄어드는 것으로 나타났다. 그러나 최고경영자가 이사
회의 보상위원회에 참여하는 경우에는 이익조정이 늘어나는 결과
를 보이고 있다.

Warfield 등(1995)[45]은 경영자의 소유지분율이 회계정보의 유용
성과 경영자의 회계선택에 미치는 영향을 연구하였다. 연구결과
경영자의 소유지분율이 증가할수록 재량적 발생액의 크기는 감소
하는 것으로 나타났다. 구체적인 결과로 재량적 발생액의 절대값
은 경영자 소유지분율이 5% 미만인 경우가 35% 이상인 경우보다
2배나 높은 것으로 나타났다. 그리고 경영자의 소유지분율이 증가

---

Composition and Experience", *Working Paper(Forthcoming Contemporary Accounting Research)*, 2001.
44) A. Klein, "Audit Committee, Board of Director Characteristics, and Earnings Management", *Working Paper, Social Science Research Network Electronic Paper Collection*, October 2000, pp.1-39.
45) T. D. Warfield, J. J. Wild, K. L. Wild, "Managerial Ownership, Accounting Choices, and Informativeness of Earnings", *Journal of Accounting and Economics 20*, 1995, pp.61-91.

할수록 회계정보의 유용성이 증가하는 것으로 나타났다.

# 제3장 연구설계

## 3.1. 연구가설

### 3.1.1. 감사위원회 도입이 이익조정에 미치는 영향

감사위원회는 과거 감사제도와 달리 협의체의 독립적인 기관이다. 기존 감사는 단독 의결기구로서 지배주주나 경영진으로부터 독립성을 상실하는 경우 형식적인 의사결정을 수행하는 경우가 많았다. 그러나 감사위원회는 협의체 의결기구로 감사위원들 간에 업무분담이 가능하고 의견교환을 통하여 신중한 의사결정이 이루어지며 의사결정에 대한 책임이 분산되므로 적극적인 의견이 개진될 수 있다. 감사위원회는 경영자나 집행기관과는 독립적인 공식기관으로서의 권한을 보장받기 때문에, 감사위원회의 존재 자체가 경영자로 하여금 자신의 통제하에 감사를 두고 있을 때보다 신중하게 의사결정을 내리도록 하며, 경영자의 재량적인 의사결정을 통제하는 역할을 수행하는 것으로 볼 수 있다. 계열사 간 내부거래와 같은 경우 감사위원회의 사전 승인을 받은 다음 이사회에 안건으로 상정되기 때문에 과거와 같이 경영자의 의도대로 처리하기 어려운 실정이다.

감사위원회는 외부감사인 선임과 평가를 담당한다. 외부감사계약의 담당자로서 감사위원회는 지배주주 및 경영자와 독립적인 입장에서 외부감사인을 선임하는 데 중요한 역할을 담당하고 있는 것으로 알려져 있다. 또한 감사위원회가 내부통제장치에 대한 감독을 통하여 재무정보의 신뢰성을 확보하는 데 기여할 수 있을 것이다. Bradbury(1990)는 감사위원회가 기업의 내부감사와 외부감사 기능을 효과적으로 수행함으로써 경영자가 재무제표를 작성하는 과정에 대한 신뢰성을 높일 수 있다고 주장한다. 따라서 감사위원회 도입으로 경영자의 이익조정행위가 줄어들 것이다.

그러나 감사위원회의 단순한 도입 여부만으로 이익조정에 미치는 영향을 파악하기는 어렵다는 주장이 있다. Menon · Williams(1994)는 기업이 단지 감사위원회를 도입하는 것만으로 감독기능이 제고되지 않는다고 주장하였다. Beasley(1996) 역시 감사위원회 도입 여부는 회계분식의 발생과 관련이 없다는 연구결과를 보여주고 있다.

감사위원들이 기업 재무활동의 건전성과 타당성 및 재무보고의 정확성을 검토할 만큼 전문적인 지식을 보유하고 있는지는 의문시된다. 또한 감사위원회가 도입되면서 감사위원회의 보조장치가 연계되어 정비되지 않는 경우 감사위원회가 원래의 도입목적을 달성하기 어려울 수 있다. 따라서 감사위원회의 도입효과는 감사위원회의 효과적인 운영 여부에 달려있다고 볼 수 있다.[46]

---

46) 한국상장회사협의회, *상장* 308호, 2000년 8월, p.42. 응답기업의 12.7% 만이 기존 감사제도에 비해 감사위원회제도가 기업의 투명성 제고에 크게 기여할 것으로 보는 데 반해, 39.2%는 별로 기여하지 못할 것으로 예상하고 있다. 응답기업의 거의 반수에 해당하는 46.8%의 기업은 감사위원회 운영여부에 따라 다른 결과가 나올 것이라고 예상하였다. 또한 감사위원회제도의 효율성 확보를 위해서는 감사위원회의 독립성이 중요하다라고 응답하였다.

가설 1. 감사위원회 도입으로 이익조정이 감소된다.

Pincus 등(1989)의 연구결과에서 경영자의 지분율이 낮을수록,
사외이사의 비율이 높은 기업일수록 기업들이 감사위원회를 자율
적으로 도입하는 것으로 나타났다. 감사위원회를 자율적으로 도입
한 기업들은 회계정보의 투명성에 대한 관심이 의무적으로 도입한
기업보다 높을 수 있다. 따라서 자율적으로 감사위원회를 도입한
기업이 의무적으로 도입한 기업보다 경영자의 이익조정행위가 줄
어들 것이다.

가설 1-1. 감사위원회를 자율적으로 도입한 기업이 의무적으로
도입한 기업보다 이익조정 정도가 낮다.

## 3.1.2. 감사위원회 독립성이 이익조정에 미치는 영향

감사위원회가 원래의 목적을 달성하기 위해서는 독립성, 전문성,
책임성을 갖추어야 한다. 그중에서도 감사위원회의 독립성은 감사
위원회 성패를 좌우할 핵심적인 특성으로 볼 수 있다. 독립성이란

| 구 분 | 회사수(개수) | 구성비(%) |
|---|---|---|
| ① 크게 기여할 것 | 20 | 12.7 |
| ② 별로 기여하지 못할 것임 | 62 | 39.2 |
| ③ 역행할 것임 | 0 | 0.0 |
| ④ 운영 여부에 따라 다른 결과가 나올 것임 | 74 | 46.8 |
| ⑤ 기 타 | 2 | 1.3 |
| 계 | 158 | 100.0 |

주) 기타로 ①+④ (1개사), ④+⑤ (1개사)

경영자 또는 지배주주로부터 자유롭게 의사결정을 내릴 수 있는
정도를 말한다. 감사위원회는 외부감사인 선임 및 내부통제구조에
대한 감시 등 회계정보의 산출과정에 대한 감독을 수행하면서 경
영진의 업무를 감독하도록 되어있기 때문에 감사위원회가 독립성
을 확보하지 못한다면 경영자의 이익조정행위를 감소시킬 수 없을
것이다. 따라서 감사위원회의 독립성이 이익조정행위에 영향을 미
칠 것이다.

　가설 2. 감사위원회 독립성이 높을수록 이익조정이 감소한다.

　감사위원회의 독립성을 결정짓는 중요한 요소는 감사위원회 구
성으로 볼 수 있다. 그러므로 감사위원회 구성은 지배구조를 개선
하기 위한 노력의 핵심적인 사안이 되어왔다.47)

　Menon · Williams(1994)는 사외이사로만 구성된 감사위원회가
그렇지 않은 감사위원회보다 성과가 좋으며, 전체가 사외이사로
구성되지 않은 감사위원회는 효율적인 감시활동이 이루어지는 것
인 양 주주들을 오도할 우려가 있다고 주장하였다. McMullen ·
Raghunandan(1996),48) Scarbrough(1998)의 연구에서도 사외이
사비중이 높은 감사위원회를 독립성이 높은 감사위원회로 정의하
였으며, 독립적인 사외이사로 구성된 감사위원회가 그 역할을 잘
수행하는 것으로 나타났다. Carcello · Neal(2000)은 재무적 어려움

---

47) Blue Ribbon Committee on Improving the Effectiveness of Corporate
　　Audit Committees(1999).
48) D. McMullen and K. Raghunandan, "Enhancing Audit Committee
　　Effectiveness", *Journal of Accountancy*, August 1996, pp.79-82.

에 봉착한 기업을 대상으로 감사위원회의 독립성이 외부감사인의 보고행위에 미치는 영향을 조사하였다. 연구결과 감사위원회 내에 사외이사가 아닌 감사위원 비율이 높아져서 감사위원회의 독립성이 낮아질수록 외부감사인의 보고행위가 부정확해질 수 있음을 보여주고 있다.

한국의 경우 감사위원회 위원 모두를 사외이사로 구성하도록 요구하고 있지 않다. 자산규모 2조 원 이상인 대규모 상장기업의 경우 3분의 2 이상만 사외이사인 감사위원을 선임하면 된다. 나머지 3분의 1 범위 내에서는 지배주주나 경영진의 이해를 대변하는 감사위원을 선임할 수 있는 여지가 있다. 또한 감사위원회 의사정족수가 재적위원 반수 참석에 참석자의 반수로 정해져 있다. 따라서 감사위원회가 법정 최소인원으로 구성되고 사외이사인 감사위원이 회의에 불참하거나 열의를 보이지 않는 경우 지배주주나 경영자로부터 독립적인 의사결정을 수행할 수 없는 경우가 발생할 수 있다. 그러므로 감사위원회에서 독립적인 사외이사의 구성비가 높아지는 경우 경영자의 이익조정행위를 줄이는 데 효과적일 것이다.

가설 2-1. 감사위원회 내 사외이사비율이 높을수록 이익조정이 감소한다.

사외이사인 감사위원이 독립적인 요건을 갖추는 것이 감사위원회의 독립성을 높여 이익조정행위를 줄이는 데 큰 역할을 담당할 것이다. 감사위원회 구성원들이 경영자나 지배주주로부터 독립성을 유지하기 위해서는 감사위원 선임과정에서 독립성을 확보하는 것이 중요하다. 선임과정에서 경영자나 지배주주와 연관성이 없는 감사위원을 선임함으로써 감사위원회의 독립성을 높일 수 있을 것이다. 사외이사 선임에서 중요한 것은 그 후보자를 추천할 수 있는 권한을 누가 갖고 있는가라는 점이다. 왜냐하면 주주들은 추천인과의 관계를 고려하여 의결권을 행사할 가능성이 높고, 사외이사가 선임된 이후에도 추천인이 사외이사의 독립성에 영향을 미칠 수 있기 때문이다.[49] 그러므로 감사위원회 내 사외이사 추천방법에 따라 감사위원회의 독립성 정도가 결정되고 경영자의 이익조정 행위에 영향을 미칠 수 있다.

　　가설 2-2. 감사위원회 내 사외이사 추천방법이 독립적일수록 이
　　　　　　 익조정이 감소한다.

## 3.1.3. 이사회 특성 및 소유구조가 감사위원회 독립성에 미치는 영향

### 1. 이사회 특성과 감사위원회 독립성

　이사의 독립성과 이사의 역량을 강화하는 것이 이사회를 활성화하는 동시에 효율적인 지배구조를 설계하는 데 필수적인 요소라고 할 수 있다.[50] Fama(1980),[51] Fama · Jensen(1983)[52]은 경영자

---

49) 한국상장회사협의회, *사외이사 선임제도 개선방안에 대한 심포지엄 자료*, 2002년 4월 18일, p.9.
50) 김용민, "가치를 창출하는 이사회의 설계와 운영", 한국 기업*지배구조*

의 경영활동에 대한 감시역할을 책임지고 있는 이사회의 역할을
강조하였다. 그들은 경영자의 경영활동에 대하여 효과적인 감시를
수행하기 위해서는 이사회 구성이 중요한 요건이 된다고 주장하였
다.

Beasley · Salterio(2001)[53]는 이사회 특성이 감사위원회 특성에
미치는 영향을 캐나다 기업을 대상으로 연구하였다. 연구결과 더
많은 사외이사를 보유하고 있는 이사회인 경우, 그리고 최고경영
자와 이사회 의장의 직위가 분리되어 있는 경우에는 의무적으로
선임해야 하는 최소한의 기준 이상으로 감사위원회 내에 사외이사
를 선임하는 것으로 나타났다.

감사위원회를 도입한 기업의 경우, 감사위원회가 제 기능을 수
행하도록 하기 위해서는 사외이사로 구성된 이사회가 전제조건이
된다. 감사위원회는 이사회에 사외이사가 다수 참여하는 경우에만
비로소 설치할 수 있기 때문이다. 따라서 감사위원회의 장점은 그
구성원인 사외이사의 장점과 분리하여 생각하기 어렵다.[54]

---

*의 현재와 미래(이선 · 좌승희 · 정광선 · 김용구 엮음), 미래경영개발연*
*구원,* 2000년, pp.230-274.
51) E. F. Fama, "Agency Problem and the Theory of the Firm", *Journal
of Political Economy,* Vol.88, 1980, pp.288-308.
52) E. F. Fama and M. C. Jensen, "Separation of Ownership and
Control", *Journal of Law and Economics,* Vol.26, June 1983,
pp.301-325.
53) M. Beasley, and S. Salterio, "The Relationship Between Board
Characteristics and Voluntary Improvements in Audit Committee
Composition and Experience", *Working Paper(Forthcoming
Contemporary Accounting Research),* 2001.
54) 최정호(2000)는 감사위원회제도가 우리나라에 이미 도입되어 시행되고
있는 사외이사제도의 근본정신을 가장 잘 살릴 수 있는 제도라고 주장

한국의 감사위원회가 기능상 이사회와 독립적이라고 하지만 이
사회의 하부위원회로서 구성되어 있다. 즉 감사위원회의 위원은
대부분 이사회의 구성원이므로 업무집행에 관한 의사결정을 수행
하고 또한 자신이 참석하여 결정한 사안에 대해 감독기관의 구성
원으로 감시·감독 기능을 수행해야 한다. 감사위원회가 이사회의
하부 위원회로서 경영진을 포함한 이사회와 대등한 위치에서 업무
집행을 감독하고 감사하는 기능을 수행하기 위해서는 이사회가 독
립적이어야 할 것이다. 따라서 이사회 구성이 독립적이라면 감사
위원회의 독립성을 증가시켜 감사위원회가 제 기능을 발휘할 수
있도록 할 것이다.

가설 3. 이사회의 독립성이 높을수록 감사위원회의 독립성이 높다.

이사회 구성에서 사외이사비중이 높은 경우 이사회의 독립성이
높아지고, 경영자에 대한 감시기능이 강화되므로 감사위원회가 제
기능을 발휘할 수 있을 것이다. 또한 외국인 사외이사의 존재는 이
사회의 독립성과 역량을 높여줄 것이다. 국내 자본시장이 개방되면
서 외국인 투자가 늘어나고 주가변동에 큰 영향을 미치고 있으며
국내 투자자에 비해 상대적으로 높은 수익을 올리고 있는 것으로
보고되고 있다.[55] 외국인 투자자는 투자에 대한 의사결정을 수행할
때 기업의 경영투명성을 중시하는 경향이 있다. 따라서 사외이사제

---

하였다.
55) 최정호·임창우·김성중, "사외감사의 자발적 선임과 기업특성", *회계
학연구* 제26권 제1호, 2001년 3월, pp.177-197.

도의 도입이 얼마 되지 않은 한국적 상황에서 외국인 사외이사의 경험과 지식은 이사회의 독립성과 역량을 높여주는 요인이 될 수 있다. 따라서 외국인 사외이사의 존재는 이사회의 독립성과 역량을 강화하여 감사위원회의 독립성을 높여줄 것이다.

가설 3-1. 이사회 사외이사비율이 높을수록 감사위원회의 사외이사비율이 높아진다.

가설 3-2. 외국인 사외이사가 있는 경우 감사위원회의 사외이사비율이 높아진다.

가설 3-3. 이사회 사외이사비율이 높을수록 감사위원회 사외이사 추천방법이 독립적이다.

가설 3-4. 외국인 사외이사가 있는 경우 감사위원회 사외이사 추천방법이 독립적이다.

## 2. 소유구조와 감사위원회 독립성

Warfield 등(1995)의 연구에서는 경영자의 소유지분율이 증가할수록 재량적 발생액의 크기는 감소하며, 회계정보의 유용성이 증가하는 것으로 나타났다. 이러한 연구결과는 경영자의 소유지분율이 높아질수록 경영자 자신의 목표를 달성하는 것과 주주의 목표를 달성하는 것이 일치될 가능성이 높아진다는 사실을 보여준다. 따라서 경영자의 소유지분율이 높아질수록 주주와 경영자 간의 대리인비용이 감소될 수 있다는 사실을 추론할 수 있다.

그러나 한국의 경우에는 주주와 경영자 사이의 대리인문제보다 지배주주 및 경영자와 소액주주 사이의 대리인문제가 더 심각하게 드러나는 상황이므로 Warfield 등(1995)의 연구와는 다른 결과가 나타날 가능성이 있다. 한국의 경우 주주총회에서 영향력을 행사할 수 있을 정도의 지분을 가진 대주주가 경영자의 임무를 수행하거나 경영자를 통제권에 포함하고 있는 경우가 많다. 따라서 지배주주가 실제 재무제표를 작성하는 책임을 가진 경영자에게 영향력을 행사할 가능성이 높아진다. 그러므로 소유구조가 경영자의 이익조정행위에 영향을 미칠 것이다. 즉 대주주의 지분율이 높아질수록 지배주주 및 경영자와 소액주주 간의 대리인문제가 크게 부각되고 오히려 경영자의 이익조정행위가 증가할 수 있는 가능성이 존재한다.[56]

소유구조가 이익조정에 미치는 영향을 감사위원회와 연관지어 생각해 볼 수 있다. 감사위원회는 경영자의 경영활동이 객관적으로 측정되어 이해관계자들에게 투명한 정보로 제공될 수 있도록 하는 역할을 수행한다. 감사위원회 위원의 선임은 주주총회에서 이루어진다. 주주총회에서 영향력을 행사할 수 있는 정도에 따라 감사위원회 위원 선임에 영향을 미칠 수 있고 감사위원회의 독립성에도 영향을 줄 수 있을 것이다. 소수의 지배주주가 기업의 소유권과 경영권을 가지고 있는 상황에서 감사위원회가 원래의 목적을 달성할 수 있을 것인지가 검증대상이 된다. 대주주의 소유집중 정도가 높은 경우에는 감사위원회의 독립성이 손상될 가능성이 있고, 소유집중 정도가 낮은 경우에 감사위원회의 독립성이 높아질 것으로 본다.

---

56) 대주주1인의 소유경영체제가 가지는 회계투명성 결여는 한국 기업들이 해외투자자들에게 불신을 받는 큰 요인이었다.

가설 4. 소유집중 정도가 낮을수록 감사위원회 독립성이 높다.

가설 4-1. 소유집중 정도가 낮을수록 감사위원회 사외이사비율이 높아진다.

가설 4-2. 소유집중 정도가 낮을수록 감사위원회 사외이사 추천방법이 독립적이다.


## 3.2. 표본

### 3.2.1. 표본 선정

1995년부터 2000년까지 증권거래소에 계속 상장된 비금융기업을 표본으로 선정하였다. 금융업에 해당되는 기업은 회계원칙이나 재무자료의 속성이 비금융업에 해당되는 기업과 차이가 나기 때문에 비교가능성을 높이기 위해 표본에서 제외하였다. 1995년부터 2000년까지 표본을 선정한 이유는 감사위원회 도입이 경영자의 이익조정에 미치는 효과를 감사위원회 도입 이전과 이후로 나누어 비교해 보기 위해서이다. 표본기간 중에 IMF 경제위기에 해당되는 기간이 포함되어 있어 경제위기 이전까지 표본의 범위를 확대하였다.

### 3.2.2. 자료 수집

감사위원회 도입 현황과 관련한 자료는 한국상장회사협의회와 증

권거래소를 통하여 수집하였다. 금융감독원의 전자공시시스템으로
표본기업의 사업보고서를 검색하여 추가적인 자료를 수집하였다.
경영자의 이익조정 정도를 측정하는 변수인 재량적 발생액을 구하
는 데 필요한 재무제표 자료는 한국상장회사협의회 재무제표정보
데이터베이스인 TS-2000을 통해 추출하였다. 지분율과 관련한 자
료는 상장협의 TS-2000, 한국신용평가정보(주)의 KIS-LINE과
KIS-FAS2000을 이용하여 수집하였다.


## 3.3. 변수 정의 및 측정

감사위원회 도입 및 감사위원회 독립성이 이익조정에 미치는 영
향을 살펴보기 위하여 사용된 종속변수, 독립변수, 그리고 통제변
수를 정의하고 측정한다.


### 3.3.1. 종속변수 정의 및 측정

본 연구의 종속변수는 경영자의 이익조정 정도이다. 이익조정
정도는 재량적 발생액의 절대값으로 측정하였다.[57] 기업 경영자들
은 이익조정을 위한 목적으로 재량적 발생액을 널리 이용하고 있
다.[58] 현금주의와 발생주의의 차이에 따른 발생액을 경영자가 임

---

57) Warfield et al.(1995), Klein(2000)의 연구에서도 경영자의 이익조정 정
도를 재량적 발생액의 절대 크기로 측정하였다.

의적으로 관리할 수 있는 부분인 재량적 발생액과 경제상황에 따른 발생액 변화, 즉 경영자가 관리할 수 없는 부분인 비재량적 발생액[59]으로 구분할 수 있다. 경영자들이 이익조정을 위한 수단으로 재량적 발생액을 선호하는 이유는 이해관계자들에게 쉽게 발견되지 않기 때문이기도 하다. 회계변경을 통하여 이익조정을 하는 경우에는 변경내용, 변경사유, 변경이 재무제표에 미치는 영향 등을 주석으로 기재하여 공시해야 한다. 그러나 재량적 발생액을 사용하는 경우 계산과정이 복잡하여 그 금액을 추정하기가 어려우므로 이해관계자들이 쉽게 파악할 수 없다. 본 연구에서는 Jones 모형(1991)[60]과 Jones 모형을 수정한 Dechow 등의 모형(1995)(이하 수정 Jones 모형)[61]을 이용하여 재량적 발생액을 계산하였다.

---

58) 재량적 발생액의 관점에서 이익조정 문제를 접근한 대표적 연구는 Healy(1985), Jones(1991), DeFond·Jiambalvo(1994), Dechow·et al.(1995) 의 연구가 있다.

59) Becker et al.(1998), Heninger(2001)의 연구에서 이 부분을 정상 발생액 (normal accruals)이라 부르고 있다.
  C. Becker, M. DeFond, J. Jiambalvo, and K. Subranmanyam, "The Effect of Audit Quality on Earnings Management",*Contemporary Accounting Research,* Vol.15, 1998, pp.1-24.
  W. Heninger, "The Association between Auditor Litigation and Abnormal Accruals", *The Accounting Review,* Vol.76, 2001, pp.111-126.

60) Jones(1991)는 ITC(International Trade Commission)가 수입규제에 대한 조사를 실시하는 동안 기업들이 이익을 줄이는 방향으로 조정하는 지 여부를 검증하였다. 이 연구에서 재량적 발생액을 추정하는 Jones 모형은 이후 이익조정과 관련한 연구에서 널리 사용되고 있다.
  J. J. Jones, "Earnings Management During Import Relief Investigations", *Journal of Accounting Research,* Vol.29, Autumn 1991, pp.193-228.

61) P. Dechow, R. Sloan, and A. Sweeney, "Detecting Earnings Management", *The Accounting Review,* April 1995, pp.193-225.

## 1. Jones 모형(1991)

Jones 모형은 기업을 둘러싼 경제상황의 변화가 발생액에 미치는 영향을 통제하여 재량적 발생액을 계산하는 모형으로 이익조정 연구에서 보편적으로 사용되고 있다. Jones 모형에서는 총발생액을 매출액 변화와 유형자산의 함수로 추정한다. Jones 모형에 의한 재량적 발생액은 아래의 회귀식에서 잔여오차( $e_t$ )로 정의된다.

$$TA_t/A_{t-1} = \alpha(1/A_{t-1}) + \beta_1(\triangle REV_t/A_{t-1}) + \beta_2(PPE_t/A_{t-1}) + e_t$$

$TA_t$  = $t$ 기 총발생액

$A_{t-1}$  = $t-1$ 기말 총자산

$\triangle REV_t$ = $t$ 기 매출액 변화( $t$ 기 매출액 − $t-1$ 기 매출액)

$PPE_t$  = $t$ 기말 상각대상자산(유형자산 + 무형자산 + 이연자산)

$e_t$  = 잔여오차

총발생액의 일부를 구성하는 매출채권, 재고자산, 매입채무 등 운전자본 계정의 변화가 매출액의 변화와 관련되기 때문에 매출액의 변화를 회귀식에 포함하였다. 즉 Jones 모형에서는 총발생액 중에서 매출액 변화와 직접적으로 관련이 있는 부분을 모두 비재량적 발생액으로 간주하고 있다. 유형자산의 크기를 회귀식에 포함한 것은 비재량적 성격을 가지는 감가상각비와 관련된 총발생액을 통제하기 위해서이다. 유형자산의 변동액 대신 유형자산 수준을 사용하는 이유는 감가상각비의 변동액이 아닌 총 감가상각비가 발생액에 포함되기 때문이다.

본 연구에서는 Jones(1991), Dechow et al.(1995), Heninger(2001)의 연구에서처럼 유동발생액(CA)[62]에서 비유동발생액(NCA)[63]을 차감한 값으로 총발생액(TA)을 정의한다. 현금흐름표상의 영업활동으로 인한 자산·부채의 변동에 부(−)의 값을 취하여 유동발생액을 측정하고,[64] 비유동발생액은 감가상각비에 무형자산상각비와 이연자산상각비를 더한 금액으로 측정한다. 이상의 과정을 정리하면 다음과 같다.

TA = CA − NCA

CA = − (현금흐름표상의 영업활동으로 인한 자산·부채의 변동)

NCA = 감가상각비 + 무형자산상각비 + 이연자산상각비

## 2. 수정 Jones 모형(1995)

---

[62] 유동발생액은 매출채권, 재고자산, 매입채무와 같은 운전자본 계정의 변화와 관련된 발생액을 의미한다.

[63] 비유동발생액은 유형자산 감가상각비, 무형자산상각비, 이연자산상각비, 퇴직급여, 부채성충당금 전입액 등 주로 고정자산·고정부채와 관련된 발생액이다.

[64] 현금흐름표의 영업활동으로 인한 자산·부채의 변동에 부(−)의 값을 취하여 유동발생액을 정의하였다. 그 이유는 선행연구들에서 정의하고 있는 유동발생액과 일관성을 유지하기 위해서이다. 현금흐름표상의 영업활동으로 인한 자산·부채의 변동은 유동부채의 증가 및 유동자산의 감소를 더하고, 유동자산의 증가·유동부채의 감소를 차감하여 측정된 값으로 기존의 선행연구들에서 정의하고 있는 유동발생액과 반대의 부호를 갖기 때문에 음의 값을 취한 것이다.

Jones 모형(1991)에서 매출액 변화($\triangle REV_t$)를 독립변수로 사용한 것은 매출액을 통한 이익조정이 발생하지 않는다라고 가정하는 것이다. 그러나 신용매출의 조정을 통하여 이익조정이 이루어질 수 있다. Dechow et al.(1995)은 Jones 모형(1995)에서의 매출액 변동 부분을 매출액 변동에서 매출채권 변동을 차감한 것으로 대체하여 신용매출을 통한 이익조정 여지를 반영하였다. 이러한 조정은 매출액 변동분 중에서 외상매출 변동분을 제외한 현금매출 변동분만을 포함하여 재량적 발생액을 계산하기 위해서이다. 수정 Jones 모형에 의한 재량적 발생액은 아래 회귀식에서 잔여오차($e_t$)로 정의된다.

$$TA_t/A_{t-1} = \alpha(1/A_{t-1}) + \beta_1(\triangle REV_t - \triangle REC_t/A_{t-1}) +$$
$$\beta_2(PPE_t/A_{t-1}) + e_t$$

$\triangle REC_t$ = t기의 매출채권 변화

## 3.3.2. 독립변수 정의 및 측정

## 1. 감사위원회 도입 여부

감사위원회 도입이 이익조정에 미치는 영향을 살펴보기 위하여, 2000년 표본에서 감사위원회를 도입한 기업과 도입하지 않은 기업을 더미변수로 구분하였다. 또한 감사위원회를 자율적으로 도입한 기업과 의무적으로 도입한 기업 간의 이익조정 정도 차이를 살펴보

기 위하여, 감사위원회를 도입한 2000년 표본에 대하여 자율 및 의
무도입 여부를 더미변수로 구분하였다. 그리고 감사위원회 도입 이
전(1995-1999년)과 도입 이후(2000년)에 이익조정 정도 차이를 살
펴보기 위하여, 전체 표본(1995-2000년)을 감사위원회 도입기업과
도입하지 않은 기업군으로 분류한 다음, 분류된 기업군 각각에 대하
여 도입 전·후를 더미변수로 구분하였다.

## 2. 감사위원회 독립성

감사위원회 독립성은 감사위원회 사외이사비율과 감사위원회 사
외이사 추천방법 독립성 두 가지로 정의한다. 감사위원회 사외이
사비율은 선행연구에서 많이 사용되었던 변수로, 감사위원회에서
사외이사인 감사위원수를 전체 감사위원수로 나눈 것으로 측정하
였다. Menon · Williams(1994), McMullen · Raghunandan(1996),
Scarbrough(1998), Carcello · Neal(2000), Klein(2000)의 연구에서
도 감사위원회에서 차지하는 사외이사의 비중이 높을수록 감사위
원회의 독립성이 높은 것으로 정의하였다.

감사위원회의 독립성에 대한 또 다른 정의로 감사위원회의 사외
이사 추천방법 독립성을 선정하였다.[65] 감사위원회를 구성하는 사
외이사가 대주주나 회사 임원의 추천으로 선임된 경우라면, 선임된

---

65) 사외이사가 독립적인지 아니면 경영자나 지배주주에 종속적인지는 사
외이사의 개별 특성에 따라 결정될 수도 있으나, 대개 선임과정에서의
영향력이 독립성을 결정할 가능성이 있다. 지배주주나 경영자의 의사
에 의해 선임된 사외이사의 경우에는 지배주주나 경영자의 영향에서
벗어나기 어려우므로 독립성을 확보하기 어렵다.

감사위원이 지배주주나 경영자의 영향력으로부터 독립성을 가지고
활동하기 어렵다. 반면 지배주주나 경영자와 관련성이 낮은 감사위
원이라면 독립적인 감사활동을 수행할 가능성이 높아진다. 따라서
대주주나 회사임원 추천에 의해 감사위원으로 선임된 경우는 독립
성이 낮은 것으로, 기관투자자의 추천이나 채권금융기관의 추천, 경
제단체의 사외이사 인력뱅크에 의한 추천으로 선임된 감사위원의
경우는 독립성이 높은 것으로 측정하였다.[66]

## 3. 이사회 특성

이사회 특성을 나타내는 변수로 이사회의 사외이사비율과 이사
회의 외국인 사외이사 존재 여부를 선정하였다.

이동기·조영곤(2001)[67]은 이사회의 사외이사비율을 이사회 독
립성을 확보하는 구조적 요인으로 설명하였고, Klein(2000),
Beasley et al.(2001)도 이사회의 사외이사비율을 이사회 특성변수

---

[66] 2000년 6월 7일 기준으로 증권거래소에 상장된 12월 결산 상장회사
574개 중 설문에 응답한 170개사(29.6%)를 대상으로 사외이사 추천방
법을 설문한 결과를 이용하였다. 설문결과에 따르면 대주주의 추천과
회사임원의 추천에 의한 사외이사선임이 80%에 달하며, 기관투자자,
사외이사인력뱅크, 채권금융기관을 추천에 의한 선임이 10%를 상회하
고 기타라고 응답한 비율이 10%에 미달하는 것으로 나타났다.
한국상장회사협의회, "사외이사제도의 문제점 및 개선방안", *상장*, 2001
년 6월호, p.41.
[67] 이동기·조영곤, "이사회 구조가 연구개발투자에 미치는 영향", *경영학
연구* 제30권 제4호, 2001년 11월, pp.1251-1263.

로 선정하였다. Menon·Williams(1994)의 연구에서도 이사회 구성원 가운데 사외이사가 내부이사보다 경영자를 감독하는 역할을 효율적으로 수행하고 있다는 결과를 보였다. 이러한 주장의 근거로 Fama(1980)는 사외이사가 경영자를 효율적으로 감시하여 기업이 효율적으로 운영되면 사외이사의 명성이 높아지고 자신들의 유능함을 알릴 수 있기 때문이라고 설명하고 있다.

이사회 내에서 사외이사비중이 증가할수록 지배주주와 경영자의 부당한 의사결정을 저지할 수 있는 힘이 증가되는 것으로 볼 수 있다. 따라서 사외이사의 비중이 높을수록 이사회의 독립성이 높아지는 것으로 볼 수 있다. 사외이사는 감사와는 달리 특정 의안이 적법하기는 하지만 부당하다고 판단되는 경우에는 이사회의 의사결정과정에 직접 참여하여 투표권을 행사함으로써 그것을 저지할 수 있다. 물론 다수결에서 패배하는 경우에는 별다른 대책이 없을 수 있다. 그러나 사외이사가 반수 이상을 차지하고 그들 간에 긴밀한 협조가 이루어지는 경우에는 이론적으로 이사회 내에서 부당한 결의를 방지할 수 있다.[68] 그러므로 이사회 내에서의 사외이사비중을 이사회의 독립성에 대한 변수로 사용할 수 있다.

본 연구에서는 사외이사수를 총등기이사수로 나눈 비율을 이사회의 사외이사비율 변수로 측정하여 사용하였다. 또한 이사회의 외국인 사외이사 존재 여부를 더미변수로 구분하였다.

---

68) 김건식·윤영신(1998).

## 4. 소유구조

Demsetz(1983)[69]는 기업의 소유구조가 기업의 사회적 특성이나 규제 등에 의하여 결정된다고 주장하였다. 한국 기업의 소유구조는 외국 기업과 상이하기 때문에[70] 외국 연구에서 사용된 소유구조 변수를 여과 없이 사용하기는 어렵다. 한국의 소유구조 관련 연구에서 사용된 변수로는 소유집중 정도를 나타내는 대주주1인 지분율과 소유경영자지분율을 들 수 있다. 김주현(1992)[71]은 경영참여 정도를 대주주1인지분율로 파악하였고, 김영숙·이재춘(2000)[72]도 소유구조를 나타내는 변수로 대주주1인지분율을 사용하였다. 고승의(2001)[73]는 한국 기업이 대부분 대주주1인 또는 그 가족에 의하여 지배되고 있는 현실을 반영하여 대주주1인이 통제 가능한 총지

---

69) H. Demsetz, "The Structure of Ownership and the Theory of Firm", *Journal of Law and Economics*, Vol.26, 1983, pp.375-390.

70) 최정호·윤순식(1999)에 의하면 한국 기업은 소유경영체제이며 선진 외국의 경우 소유와 경영이 분리된 주주자본주의 상태에 있다고 한다.

71) 김주현, "기업의 소유구조와 기업가치의 연관성에 관한 연구", *재무연구*, 제5호, 1992년 12월, pp.129-154.
김주현은 그의 연구에서 기업의 소유구조 혹은 소유와 경영의 분리 정도가 기업가치에 미치는 영향을 파악하기 위하여 대주주1인지분율을 경영 참여정도에 대한 대리변수로 사용하였다. 그는 우리나라 대부분의 대주주들이 그룹을 통하거나 막후에서 실질적인 경영에 참여하고 있어, 표면적인 이사진 참여율이나 최고경영자 여부 등으로 경영 참여 정도를 가리기 힘든 형편이라고 주장하였다.

72) 김영숙·이재춘, "기업가치와 기업소유구조와의 관련성", *증권학회지*, 제26집, 2000년, pp.173-197.

73) 고승의, "기업의 소유구조와 경영성과에 관한 연구", *경제경영논집*, 제 30집 제1호, 2001, p.87.

분의 크기로 소유집중 정도를 측정하고자 하였다.

한국 기업의 소유구조 관련연구에서 사용된 또 다른 변수로는
경영자지분율을 들 수 있다. 김우택·장대홍·김경수(1993)[74]는
소유경영자기업과 전문경영자기업으로 구분하여 소유구조를 파악
하였고, 이경태·최병현(2001)[75]은 대표이사가 소유한 지분율을
기준으로 소유경영자기업과 전문경영자기업을 구분하여 소유구조
를 파악하였다. 손성규(1999)[76]는 경영진의 지분을 소유구조에 대

---

74) 김우택·장대홍·김경수, "기업가치와 소유경영구조에 관한 실증적 연
   구", 재무연구, 제6호, 1993년 8월, pp.55-75.
75) 이경태·최병현, "소유구조와 경영자 현금보상의 관계", 2001년도 하계
   학술연구발표회 발표논문집, 한국회계학회, 2001년 6월, pp.471-487. 이
   연구에서는 대표이사가 5% 미만의 지분을 보유하거나 대표이사가 5대
   주주 명부에 포함되지 않은 기업을 전문경영자 기업으로 분류하였다.
   소유경영자기업은 대표이사가 5대주주에 포함되고 5% 이상의 지분을
   보유한 기업으로 분류하였다. 이러한 구분은 Dhaliwal 등(1982)이 5%
   이상의 지분을 가진 대주주가 존재하지 않는 경우를 전문경영자 통제
   (management-controlled)기업으로 구분한 외국 연구를 그대로 도입한
   것으로 볼 수 있다. (D. S. Dhaliwal, G. L. Salamon, and E. D. Smith,
   "The Effect of Owner versus Management Control on the Choice of
   Accounting Methods", Journal of Accounting and Economics 4, 1982,
   pp.41-53.)
76) 손성규, "소유구조와 경영진구성이 회계방법의 변경에 미치는 영향",
   회계저널, 제8권 제1호, 1999년 6월. p.199.
   손성규(1999)는 "경영진의 지분율을 파악할 때, 한국기업재무총람의
   경영진에 포함된 경영진으로만 임원의 범위를 국한시켰다. 이 경영진
   의 정보에서 10명의 주요 경영진의 직위, 성명, 생년월일, 학력 및 경력
   이 보고된다. 대표이사, 사장, 부사장, 전무, 상무, 이사 등 주요 직책자
   에 대한 정보가 수록된다. 많은 이사가 있다면 이 중에서도 중요한 위
   치의 이사가 이 문헌에 포함된다. 우리나라 기업의 속성상 10명 이내
   의 주요 경영진에 의해서 거의 모든 중요한 의사결정이 내려진다고 할
   수 있다."라고 주장하였다.

한 대리변수로 사용하였다.

본 연구에서는 소유집중 정도를 대주주1인지분율로 정의하여 측정하였다. 경영자지분율에는 사실상 경영자를 통제하는 지배주주가 경영자로 등재되어 있지 않은 경우 그 영향력이 배제될 뿐만 아니라 한국의 복잡한 소유구조하에서 단순히 경영자의 표면상 지분율을 기준으로 전문경영자기업과 소유경영자기업을 구분하는 것은 무리가 따른다. 또한 본 연구는 주주총회에서의 영향력 행사 정도가 감사위원회의 독립성과 이익조정 정도에 미치는 효과에 초점을 두고 있다. 따라서 주주총회에서의 영향력 행사 정도를 파악할 수 있는 대주주1인지분율을 사용하는 것이 타당할 것으로 본다.

대주주1인지분율은 대주주1인과 국세기본법시행령 20조에 해당하는 친족 및 특수관계인이 소유한 주식 총수를 전체 주식수로 나누어 계산하였다.[77] 또한 대주주1인지분율을 구성하고 있는 주체를 파악하여, 대주주1인이 개인 또는 관계회사인지 아니면 기관투자자나 외국 기업인지를 구분하였다. 개인과 관계회사가 대주주인 경우를 한 집단으로 구분하고 기관투자자와 외국 기업이 대주주인 회사를 하나의 집단으로 나누어 더미변수로 처리하였다. 이렇게 구분한 이유는 대주주1인지분율에 의한 소유집중 정도가 감사위원회 독립성과 이익조정에 미치는 영향이 대주주1인을 구성하는 주체에 따라 다르다고 판단되기 때문이다.

---

77) 계열기업의 상호출자지분은 대주주1인 분류에 포함되지 않고, 대주주와 관련이 많은 주주지분이 기타주주법인이나 기타주주개인을 형성할 수 있다. 따라서 본 연구에서 사용하는 대주주1인지분율에는 대주주가 통제 가능한 지분이 누락되어있을 가능성이 존재한다.

## 3.3.3. 통제변수군

독립변수 이외에 재량적 발생액에 영향을 줄 수 있는 변수의 효과를 통제할 필요가 있다.[78] Dechow et al.(1995), DeFond · Subramanyam(1998)[79], Becker et al.(1998)은 현금흐름과 재량적 발생액 간에 부의 관계가 존재한다는 연구결과를 얻었다. 따라서 영업활동으로 인한 현금흐름을 매출액으로 나누어 통제변수로 도입하였다. 그리고 Becker et al.(1998)은 재량적 발생액과 총발생액의 절대값 간에 부의 관계가 있다는 결과를 보여, 총발생액을 전기자산총액으로 나눈 다음 그 절대값을 통제변수로 사용하였다. 기업규모는 여러 가지 생략된 변수(omitted variables)에 대한 대용변수가 될 수 있으며,[80] 재량적 발생액과 정의 관계를 보인다는 연구결과[81]에 근거하여 총자산에 로그를 취한 값으로 기업규모를 계산하여 통제변수로 활용하였다. Duke · Hunt(1990),[82] DeFond · Jiambalvo(1994)[83]는 부채비율이 높은 경우 부채계약을 위반할 가능성이 높아지

78) 박종성 · 이은철, "회계제도의 개선과 회계정보의 투명성", *한국회계학회 동계학술대회 발표논문*, 2002년 2월. 내용을 참조하였다.
79) M. DeFond, and K. Subranmanyam, "Auditor Changes and Discretionary Accruals", *Journal of Accounting and Economics*, Vol.25, 1998, pp.35-67.
80) Becker et al.(1998).
81) 나종길 · 최관, "회계발생액과 차별적 감사수요", *2001년 회계학회 동계학술대회 발표논문*, 2001년.
82) J. Duke, and H. Hunt, "An Empirical Examination of Debt Covenant Restrictions and Accounting-Related Debt Proxies", *Journal of Accounting and Economics*, Vol.12, 1990, pp.45-63.
83) M. DeFond, and J. Jiambalvo, "Debt Covenant Violation and Manipulation of Accruals", *Journal of Accounting and Economics*,

기 때문에 경영자들의 이익조정행위가 증가한다는 연구결과를 보였다. 그러나 DeAngelo et al.(1994),[84] Becker et al.(1998)은 부채비율과 발생액 간에 부의 관계가 있다는 결과를 보였다. 따라서 부채비율과 재량적 발생액의 관계가 일정하지는 않지만, 부채비율이 재량적 발생액에 미칠 수 있는 영향력을 감안하여 부채총액을 자산총액으로 나눈 부채비율을 통제변수로 사용하였다.

---

Vol.17, 1994, pp.145-176.
84) H. DeAngelo, L. DeAngelo, and D. Skinner, "Accounting Choice in Troubled Companies", *Journal of Accounting and Economics*, Vol.14, 1994, pp.113-144.

# 제4장 실증분석

## 4.1. 기술통계량

실증분석에 사용된 독립변수에 대한 기술통계량을 〈표 4-1〉에 나타내었다.

2000회계연도를 기준으로 조사한 본 연구표본에서 감사위원회를 도입한 기업은 61개사로 전체 표본의 11.4%에 해당한다. 이 중 17 개사는 감사위원회를 자율적으로 도입한 것으로 나타났다. 한국상장회사협의회가 12월 결산 상장회사 566개사를 대상으로 2000년 5월 15일 기준으로 감사위원회의 운영 현황을 조사·분석[85]한 결과에서는 81개사가 감사위원회를 도입한 것으로 나타났다. 그리고 이 중 감사위원회를 자율적으로 도입한 회사는 12개사로 나타났다. 표본과 상장협 조사결과의 차이는 표본선정 시점과 표본선정 과정의 차이 때문에 발생한 것이다. 본 연구에서 표본으로 사용한 감사위원회 도입현황은 2000회계연도를 기준한 증권거래소의 조사자료를 참고한 것이므로 상장협 조사 이후 감사위원회를 설치한 기업이 추가되어 있는 반면 금융업에 해당되는 기업들은 표본에서 제외되었다. 2001년 11월을 기준으로 감사위원회를 도입한 회사는

---

85) 한국상장회사협의회가 2000년 5월 조사 분석한, 기업지배구조 개선관련 이사회 및 감사위원회제도 운영 현황의 내용을 참조하였다.(상장 2000년 7월호, pp.43-47)

76

모두 102개사로, 의무적으로 감사위원회를 도입한 회사는 81개사이며 자율적으로 감사위원회를 도입한 회사는 21개사로 나타났다.[86] 따라서 감사위원회가 처음 도입된 2000년에 비하여 2001년에 들어서면서 감사위원회를 도입한 기업수가 증가한 것으로 볼 수 있다.

<표 4-1> 감사위원회 도입기업의 독립변수 기술통계량

| | 감사위원회 내 사외이사비율 | 이사회 내 사외이사비율 | 대주주1인 지분율 |
|---|---|---|---|
| 평균값 | 0.779 | 0.448 | 0.229 |
| 중간값 | 0.670 | 0.500 | 0.228 |
| 표준편차 | 0.187 | 0.211 | 0.156 |
| | 감사위원회 도입 (자율/의무) | 감사위원회 사외이사 추천(독립/비독립) | 외국인 사외이사 여부(외국인/내국인) |
| 기업수 | 61(17/44) | 19(4/15) | 61(7/54) |

표본에서 감사위원회 내의 사외이사비율은 평균값이 0.779로 중간값 0.670보다 크다. 이는 대부분의 회사가 감사위원회를 사외이사 중심으로 구성하고 있으며, 법정사외이사비율인 3분의 2 요건을 충족하고 있음을 나타낸다. 감사위원회를 도입한 61개사 모두가 감사위원의 3분의 2 이상을 사외이사로 구성하고 있으며, 감사

---

86) 자율적으로 감사위원회를 도입한 기업은 금호종합금융, 대우인터내셔널, 대우자동차판매, 대우통신, 대원화성, 동양증권, 미래산업, 미래와 사람, 아남반도체, 에스케이케미칼, 엘지산전, 엘지생활건강, 제주은행, KTB네트워크, 태양금속공업, 태평양, 한국철강, 한독약품, 한불종합금융, 한빛여신전문, 현대엘리베이터 등 21개사이다.

위원 전원을 사외이사로 구성한 기업도 22개사에 달한다.

감사위원회 내의 사외이사 추천방법을 살펴본 바에 의하면 4개 기업이 기관투자자의 추천, 채권금융기관의 추천, 경제단체의 사외이사 인력뱅크를 활용하여 감사위원회 사외이사를 선임한 것으로 나타났다. 나머지 15개 기업들은 대주주와 회사임원의 추천으로 감사위원을 선임한 경우이다. 따라서 전자의 4개 기업을 감사위원회의 독립성이 높은 기업으로 구분하였다.

2000년 표본기업의 사외이사수는 평균 2명이며 총이사수는 평균 6.7명인 것으로 나타났다.[87] 또한 이사회에서 사외이사가 차지하는 비중이 0.334로 총이사수의 3분의 1 정도인 것으로 나타났다. 다만, 감사위원회를 도입한 기업의 경우에는 이사회에서 차지하는 사외이사비중이 0.448로 높아짐을 알 수 있다. 이러한 결과는 감사위원회를 구성하기 위해서는 감사위원회를 도입하지 않은 회사에 비해 상대적으로 많은 수의 사외이사가 필요함을 의미하는 것이기도 하다. 상장협이 2001년 6월 30일 기준으로 상장회사 693개사 중 증권투자회사 1개사와 회사정리절차개시법인 61개사를 제외한 631개사를 대상으로 사외이사 현황을 조사·분석한 결과[88]에서 사외이사의 평균값은 2.3명으로 나타났다. 또한 업종별 1사당 사외

---

87) 2000년 표본기업의 사외이사수에 대한 평균값은 2.089, 중간값은 2, 그리고 표준편차는 1.325로 나타났다. 그리고 총이사수에 대하여 평균값은 6.744, 중간값은 6, 표준편차는 7.231로 나타났다.

88) 한국상장회사협의회, "2001년 상장회사 사외이사 현황", 상장, 2001년 7월, pp.57-61.
한국상장회사협의회가 2000년 4월 30일 기준으로 638개사에 선임된 1,464명의 상장회사 사외이사 현황을 조사한 결과에서도 사외이사 평균은 2.3명으로 집계되었다.

이사수는 금융업이 4.06명으로 가장 많고, 다음으로 비제조업 2.35명, 제조업 2.02명 순으로 나타났다. 표본과 상장협 조사에서 사외이사수가 차이가 나는 이유는 사외이사수가 많은 금융업이 본 연구의 표본에서 제외되었기 때문에 표본의 평균 사외이사수가 상장협 조사의 평균 사외이사수보다 낮게 나타났다. 그리고 이사회 내에서 사외이사의 비율은 회사규모가 커질수록 증가되는 것으로 나타나, 규모가 큰 법인이 사외이사제도에 적극 대처하는 것으로 나타났다.

이사회 내에 외국인 사외이사를 선임하고 있는 기업은 7개사였으며, 감사위원으로 외국인 사외이사를 선임한 회사는 S-Oil로서 4명의 감사위원 모두를 사외이사로 선임하였으며, 그중 2명은 외국인 사외이사였다. 대주주1인지분율의 평균값은 0.229이며, 20% 이하가 19개 기업, 20~30%에 해당되는 기업이 11개, 30% 이상에 해당되는 기업이 31개인 것으로 나타났다.

〈표 4-2〉는 독립변수 간 피어슨상관계수를 나타낸 것이다. 외국인 사외이사의 존재와 감사위원회 사외이사 추천 방법의 독립성이 유의적인 양의 상관관계를 갖는 것으로 나타났다. 그러나 대체로 변수들 간의 상관관계가 높지 않으며, 서로 유의적인 상관관계를 가지지 않는 것으로 나타났다.

<표 4-2> 독립변수 간 피어슨상관계수

| | 이사회 내 사외이사 비율 | 외국인 사외이사 | 감사위원회 내 사외이사 비율 | 감사위원회 사외이사 추천 독립 | 대주주1인 지분율 |
|---|---|---|---|---|---|
| 이사회 내 사외이사비율 | 1 | | | | |
| 외국인 사외이사 | -0.015 | 1 | | | |
| 감사위원회 내 사외이사비율 | 0.048 | -0.090 | 1 | | |
| 감사위원회 사외이사 추천 독립 | 0.441 | 0.484* | -0.030 | 1 | |
| 대주주1인 지분율 | -0.052 | 0.001 | -0.074 | 0.000 | 1 |

* 5% 수준에서 유의적(양측 검증)

## 4.2. 분석결과

### 4.2.1 감사위원회 도입이 이익조정에 미치는 영향

### 1. 감사위원회 도입 여부에 대한 분석

감사위원회를 도입한 기업과 도입하지 않은 기업 간에 재량적 발생액의 절대값이 유의적인 차이를 보이는지 여부를 t-test를 통해 살펴보았다. 2000년 표본에 대하여 Jones 모형과 수정 Jones 모형의 회귀계수를 산업별로 추정한 다음 재량적 발생액을 계산하였으며 절대값을 취하여 재량적 발생액의 크기를 도출하였다. t-test의 결과를 <표 4-3>에 기술하였다.

80

<표 4-3> 감사위원회 도입 여부에 따른 재량적 발생액 절대값의 차이
－단변량분석

| | | 도 입 | | 비도입 | | 차 이 | t값 | 유의도 |
|---|---|---|---|---|---|---|---|---|
| | | 표본수 | 평 균 | 표본수 | 평 균 | | | |
| 재량적 발생액 절대값 | Jones 모형 | 58 | 0.039 | 465 | 0.051 | 0.020 | 2.087 | 0.039 |
| | 수정 Jones 모형 | | 0.041 | | 0.051 | 0.009 | 1.562 | 0.121 |

분석결과 감사위원회를 도입한 기업이 도입하지 않은 기업에 비해 재량적 발생액의 절대값이 작은 것으로 나타났다. 이러한 결과는 감사위원회를 도입함에 따라 경영자의 이익조정행위가 줄어들 수 있는 가능성을 보여주는 것이라 할 수 있다. 그러나 단변량분석 결과는 재량적 발생액에 영향을 미치는 여러 가지 요인을 통제하지 않은 결과이다. 따라서 재량적 발생액에 영향을 미치는 통제변수를 고려하여 감사위원회 도입 여부에 따른 재량적 발생액의 크기를 비교해야 할 것이다.

재량적 발생액에 영향을 줄 수 있는 변수의 효과를 통제한 다음 감사위원회 도입 여부가 재량적 발생액의 크기에 미치는 영향을 회귀분석한 결과를 〈표 4-4〉에 기술하였다. Jones 모형과 수정 Jones 모형을 이용하여 계산한 재량적 발생액의 크기를 종속변수로 두고 통제변수군과 감사위원회 도입 여부를 회귀식에 고려한 결과, 감사위원회 도입 여부가 재량적 발생액의 크기에 유의적인 영향을 미치지 않는 것으로 나타났다.

정리하면, 단변량분석에서 감사위원회를 도입한 기업이 도입하지 않은 기업보다 경영자의 이익조정행위가 제한을 받아 이익조정 정도가 줄어들 수 있는 가능성을 보였다. 그러나 재량적 발생액에 영향을 줄 수 있는 변수의 효과를 통제한 다음 감사위원회 도입효과를 검증한 결과 감사위원회 도입 여부는 재량적 발생액의 크기에 유의적인 영향을 미치지 않는 것으로 나타났다. 즉 감사위원회의 단순한 도입으로 경영자의 이익조정이 감소하지 않는다고 볼 수 있다.

<표 4-4> 감사위원회 도입이 재량적 발생액 크기에 미치는 영향
－다변량분석

$$ABSDAJO[ABSDARE] = CONST + \beta_1 OCF + \beta_2 ABSTA + \beta_3 SIZE + \beta_4 LEV + \beta_5 ADOPT + \varepsilon$$

| 종속변수 | 독립변수 | | | | 모 형 | | |
|---|---|---|---|---|---|---|---|
| | 변수명 | beta값 | t값 | 유의도 | F값 | 유의도 | $R^2$값 |
| ABSDAJO | CONST | 0.071 | 1.972 | 0.049 | 7.523 | 0.000 | 0.403 |
| | OCF | -0.038 | -4.993 | 0.000 | | | |
| | ABSTA | 0.037 | 4.382 | 0.000 | | | |
| | SIZE | -0.020 | -1.023 | 0.307 | | | |
| | LEV | -0.010 | -2.257 | 0.024 | | | |
| | ADOPT | -0.006 | -0.656 | 0.512 | | | |
| ABSDARE | CONST | 0.085 | 2.318 | 0.021 | 7.652 | 0.000 | 0.427 |
| | OCF | -0.038 | -4.958 | 0.000 | | | |
| | ABSTA | 0.040 | 5.048 | 0.000 | | | |
| | SIZE | -0.003 | -1.432 | 0.153 | | | |
| | LEV | -0.010 | -2.123 | 0.034 | | | |
| | ADOPT | -0.001 | -0.016 | 0.987 | | | |

ABSDAJO: Jones 모형에 의한 재량적 발생액의 절대값
ABSDARE: 수정 Jones 모형에 의한 재량적 발생액의 절대값
CONST: 회귀식의 상수
OCF: 영업활동으로 인한 현금흐름/매출액
ABSTA: (총발생액/전기자산총액)에 절대값을 취한 값
SIZE: 총자산에 log를 취한 값
LEV: 부채총액/자산총액
ADOPT: 감사위원회 도입 여부(0=미도입, 1=도입)

## 2. 감사위원회 도입 전·후에 대한 분석

감사위원회를 도입한 기업과 도입하지 않은 기업에 대하여 도입 전·후로 이익조정 정도에 차이가 있는지 여부를 분석하였다. 1995년부터 2000년까지의 표본을 통합하여 산업별로 Jones 모형과 수정 Jones 모형의 회귀계수를 추정한 다음 재량적 발생액을 계산하였다. Jones 모형과 수정 Jones 모형의 회귀계수를 추정할 때 1995년부터 2000년까지의 표본을 통합한 것은 특정시점에서의 분석이 아니라 감사위원회 도입 이전과 도입 이후의 변화를 비교해 보기 위해서이다.

### 1) 감사위원회 도입기업을 대상으로 감사위원회 도입 전·후 비교

감사위원회를 도입한 기업을 대상으로 감사위원회 도입 이전(1995년부터 1999년까지)과 감사위원회 도입 이후(2000년)에 재량적 발생액 크기가 유의적인 차이를 보이는지를 단변량분석으로 살펴본 결과를 〈표 4-5〉에 나타내었다.

〈표 4-5〉 감사위원회 도입 전·후에 따른 재량적 발생액 절대값 차이
– 감사위원회 도입기업을 대상으로 단변량분석

| | | 도입 이전 | | 도입 이후 | | 차 이 | t값 | 유의도 |
|---|---|---|---|---|---|---|---|---|
| | | 표본수 | 평 균 | 표본수 | 평 균 | | | |
| 재량적<br>발생액<br>절대값 | Jones<br>모형 | 293 | 0.054 | 58 | 0.051 | 0.003 | 0.511 | 0.611 |
| | 수정 Jones<br>모형 | | 0.057 | | 0.050 | 0.007 | 1.178 | 0.241 |

감사위원회 도입 이전보다 도입 이후에 재량적 발생액의 크기가 줄어든 것을 볼 수 있다. 그러나 통계적으로 유의적인 차이를 보이지는 않는다. 따라서 감사위원회를 도입한 기업의 경우 도입 이전과 이후에 경영자의 이익조정 정도 차이를 발견할 수 없을 가능성이 높다.

감사위원회 도입 이전·이후가 재량적 발생액 크기에 미치는 효과를 살펴보기 위하여 재량적 발생액에 영향을 미치는 변수를 통제한 다음 회귀분석을 실시하였다. 회귀분석 결과를 〈표 4-6〉에 나타내었다.

분석결과 도입 이전보다 도입 이후에 재량적 발생액의 크기가 줄어든 것으로 나타났으나 유의적인 것은 아니다. 이러한 결과는 감사위원회 도입 전·후에 따른 재량적 발생액 절대값 차이를 살펴본 단변량분석의 결과와 동일하다.

<표 4-6> 감사위원회 도입 전·후가 재량적 발생액 크기에 미치는 영향
— 감사위원회 도입기업을 대상으로 다변량분석

$$ABSDAJO[ABSDARE] = CONST + \beta_1 OCF + \beta_2 ABSTA + \beta_3 SIZE + \beta_4 LEV + \beta_5 BEAFTER + \varepsilon$$

| 종속변수 | 독립변수 | | | | 모 형 | | |
|---|---|---|---|---|---|---|---|
| | 변수명 | beta값 | t값 | 유의도 | F값 | 유의도 | $R^2$값 |
| ABSDAJO | CONST | 0.058 | 1.170 | 0.243 | 2.620 | 0.024 | 0.037 |
| | OCF | -0.018 | -0.994 | 0.346 | | | |
| | ABSTA | 0.050 | 3.506 | 0.001 | | | |
| | SIZE | 0.001 | -0.102 | 0.918 | | | |
| | LEV | -0.001 | -0.086 | 0.932 | | | |
| | BEAFTER | -0.002 | -0.261 | 0.794 | | | |
| ABSDARE | CONST | 0.065 | 1.304 | 0.193 | 2.574 | 0.026 | 0.036 |
| | OCF | -0.013 | -0.630 | 0.529 | | | |
| | ABSTA | 0.049 | 3.424 | 0.001 | | | |
| | SIZE | -0.001 | -0.096 | 0.924 | | | |
| | LEV | -0.009 | -0.586 | 0.558 | | | |
| | BEAFTER | -0.006 | -0.798 | 0.426 | | | |

BEAFTER: 감사위원회 도입 전·후
[0 = 감사위원회 도입 이전(1995~1999), 1 = 도입 이후(2000)]

감사위원회를 도입한 기업의 경우, 특정 기간에 따라 재량적 발생액 크기가 달라지는지를 살펴보기 위하여 1995년에서 1997년, 1998년에서 1999년, 그리고 2000년의 3가지 독립된 구간에 걸쳐 재량적 발생액의 크기를 살펴보았다. 1995년에서 1997년까지를 동일한 기간으로 묶은 것은 외환위기 이전을 상정한 것이며, 1998년에서 1999년까지는 외환위기의 영향권, 그리고 2000년은 외환위기 이후로 상정해 볼 수 있을 것이다. 따라서 감사위원회를 도입한 기업에 대하여 1995년에서 1997년, 1998년에서 1999년, 그리고 2000년의 3가지 독립된 구간에 걸쳐 재량적 발생액 크기의 차이가 존재하는지를 살펴보기 위하여 분산분석(ANOVA)을 실시하였다.

<표 4-7> 전체 표본의 기간별 재량적 발생액 절대값 차이 – 분산분석

| 재량적 발생액<br>절대값 | 구 분 | 자승합<br>(Sum of Squares) | 평균자승<br>(Mean Square) | F값 | p값 |
|---|---|---|---|---|---|
| ABSDAJO | 집단 간<br>집단 내<br>전체 | 0.001<br>0.994<br>0.994 | 0.001<br>0.002 | 0.091 | 0.913 |
| ABSDARE | 집단 간<br>집단 내<br>전체 | 0.002<br>1.027<br>1.030 | 0.001<br>0.0023 | 0.410 | 0.664 |

분산분석(ANOVA) 결과는 〈표 4-7〉에 표시하였는데, 3개 구간
별로 재량적 발생액 절대값의 차이는 나타나지 않았다. 3가지 구
간별로 각각의 차이를 구분해보기 위해 분산분석에 대한 사후검증
으로 Scheffe의 다중비교를 실시하였다.

<표 4-8> 전체 표본의 세부 기간별 재량적 발생액 절대값 차이 비교
– Scheffe 검증

| 재량적발생액<br>절대값 | 구간 평균 | | 평균차이<br>(1)-(2) | 표준오차 | 유의도 |
|---|---|---|---|---|---|
| | (1) | (2) | | | |
| ABSDAJO | 1995~1997 | 1998~1999 | 0.001 | 0.006 | 0.901 |
| | 1995~1997 | 2000 | 0.003 | 0.008 | 0.670 |
| | 1998~1999 | 2000 | 0.003 | 0.009 | 0.756 |
| ABSDARE | 1995~1997 | 1998~1999 | 0.001 | 0.006 | 0.938 |
| | 1995~1997 | 2000 | 0.007 | 0.008 | 0.379 |
| | 1998~1999 | 2000 | 0.007 | 0.009 | 0.440 |

재량적 발생액 크기 차이를 세 가지 구간 각각에 대하여 비교한
Scheffe 검증에서 재량적 발생액의 크기는 각 기간별로 유의적인 차
이를 보이지 않는 것으로 나타났다.[89] 각 기간별 평균에 따라 집단을

---

89) 재량적 발생액에 영향을 미치는 변수들의 영향력을 통제한 다음 각 구
  간이 재량적 발생액 크기에 미치는 영향을 다변량분석으로 살펴본 결과

구분하는 Duncan Test의 결과에서도 세 가지 기간이 하나의 집단으로 묶여 기간별로 재량적 발생액의 크기가 차이가 나지 않음을 알 수 있었다. 다만 1995~1997년 기간이 재량적 발생액 크기에 대한 평균값이 가장 높고 1998~1999년, 2000년의 순으로 재량적 발생액 크기의 평균값이 낮아지고 있음을 알 수 있다.

정리하면, 감사위원회를 도입한 기업의 경우 감사위원회 도입 전·후로 재량적 발생액 크기에 있어 차이가 나타나지 않았다. 그러므로 감사위원회 도입이 경영자의 이익조정행위를 감소시키는 것으로 보기 어렵다.

## 2) 감사위원회 도입하지 않은 기업을 대상으로 감사위원회 도입 전·후 비교

감사위원회를 도입하지 않은 기업을 대상으로 감사위원회 도입 이전(1995년부터 1999년까지)과 감사위원회 도입 이후(2000년)에 재량적 발생액 크기가 유의적인 차이를 보이는지를 단변량분석으로 살펴본 결과는 〈표 4-9〉와 같다.

〈표 4-9〉 감사위원회 도입 전·후에 따른 재량적 발생액 절대값 차이
－감사위원회 도입하지 않은 기업을 대상으로 단변량분석

|  |  | 도입 이전 | | 도입 이후 | | 차 이 | t값 | 유의도 |
|---|---|---|---|---|---|---|---|---|
|  |  | 표본수 | 평 균 | 표본수 | 평 균 |  |  |  |
| 재량적<br>발생액<br>절대값 | Jones<br>모형 | 2155 | 0.061 | 465 | 0.057 | 0.004 | 1.263 | 0.207 |
|  | 수정 Jones<br>모형 |  | 0.062 |  | 0.059 | 0.003 | 1.059 | 0.290 |

세 기간에 따라 재량적 발생액 크기가 유의적인 영향을 받지 않는 것으로 나타났다.

감사위원회 도입 이전보다 도입 이후에 재량적 발생액의 크기가 줄어든 것을 볼 수 있다. 그러나 통계적으로 유의적인 차이를 보이지는 않는다. 재량적 발생액에 영향을 미치는 통제변수를 회귀식에 포함한 다음 감사위원회 도입 이전과 이후가 재량적 발생액의 크기에 미치는 영향을 살펴본 회귀분석 결과는 〈표 4-10〉과 같다. 분석결과 도입 이전 기간보다 도입 이후 기간에 오히려 재량적 발생액의 크기가 큰 것으로 나타났으나 유의적인 것은 아니다.

〈표 4-10〉 감사위원회 도입 전·후가 재량적 발생액 크기에 미치는 영향
- 감사위원회 도입하지 않은 기업을 대상으로 다변량분석

$$ABSDAJO[ABSDARE] = CONST + \beta_1 OCF + \beta_2 ABSTA + \beta_3 SIZE + \beta_4 LEV + \beta_5 BEAFTER + \varepsilon$$

| 종속변수 | 독립변수 | | | | 모 형 | | |
|---|---|---|---|---|---|---|---|
| | 변수명 | beta값 | t값 | 유의도 | F값 | 유의도 | $R^2$값 |
| ABSDAJO | CONST | 0.090 | 6.855 | 0.000 | 6.09 | 0.000 | 0.568 |
| | OCF | -0.014 | -3.697 | 0.000 | | | |
| | ABSTA | 0.633 | 5.026 | 0.000 | | | |
| | SIZE | -0.003 | -4.762 | 0.000 | | | |
| | LEV | -0.016 | -8.190 | 0.000 | | | |
| | BEAFTER | 0.001 | 0.083 | 0.934 | | | |
| ABSDARE | CONST | 0.077 | 5.980 | 0.000 | 7.254 | 0.000 | 0.599 |
| | OCF | -0.015 | -3.869 | 0.000 | | | |
| | ABSTA | 0.661 | 6.970 | 0.000 | | | |
| | SIZE | -0.003 | -3.938 | 0.000 | | | |
| | LEV | -0.016 | -8.509 | 0.000 | | | |
| | BEAFTER | 0.001 | 0.392 | 0.695 | | | |

BEAFTER: 감사위원회 도입 전후
  [0=감사위원회 도입 이전(1995~1999), 1=도입 이후(2000)]

정리하면, 감사위원회를 도입하지 않은 기업의 경우 감사위원회 도입 연도가 도입되기 이전 연도에 비해 재량적 발생액 크기에 있어 차이가 나타나지 않았다. 또한 감사위원회를 도입한 기업의 경우는 비유의적이기는 하나 도입 이후 재량적 발생액의 크기가 줄어드는 방향인 반면, 감사위원회를 도입하지 않은 기업의 경우는 비유의적인 것은 마찬가지이나 도입 이전보다 도입 이후가 재량적 발생액의 크기가 커지는 방향으로 나타났다는 점에서 차이가 있다.

## 3. 감사위원회의 자율·의무 도입 여부에 대한 분석

감사위원회를 자율적으로 도입한 기업과 의무적으로 도입한 기업 간에 재량적 발생액의 절대값이 유의적인 차이가 있는지를 살펴본 t-test 결과를 〈표 4-11〉에 나타내었다. 분석결과 감사위원회를 자율적으로 도입한 회사와 의무적으로 도입한 회사 간에 재량적 발생액 크기의 차이는 없는 것으로 나타났다.

〈표 4-11〉 감사위원회 자율·의무 도입 여부에 따른 재량적 발생액 절대값 차이
- 단변량분석

| | | 자율 도입 | | 의무 도입 | | 차 이 | t값 | 유의도 |
|---|---|---|---|---|---|---|---|---|
| | | 표본수 | 평 균 | 표본수 | 평 균 | | | |
| 재량적 발생액 절대값 | Jones 모형 | 15 | 0.042 | 43 | 0.037 | 0.005 | 0.449 | 0.655 |
| | 수정 Jones 모형 | | 0.051 | | 0.038 | 0.013 | 1.081 | 0.284 |

재량적 발생액에 영향을 미치는 변수의 효과를 통제한 다음 감사위원회 자율·의무 도입 여부가 재량적 발생액의 크기에 미치는 영향을 살펴본 회귀분석 결과는 〈표 4-12〉와 같다. 재량적 발생액에 영향을 미치는 통제변수를 고려한 다음에도 감사위원회의 자율적 도입 여부는 재량적 발생액 크기에 유의적인 영향을 미치지 않는 것으로 나타났다.

정리하면, 감사위원회를 자율적으로 도입한 기업은 의무적으로 도입한 기업보다 이익조정 정도가 낮을 것으로 예상되었다. 그러나 감사위원회를 자율적으로 도입한 기업과 의무적으로 도입한 기업 간에 이익조정 정도의 차이는 없는 것으로 나타났다. 이러한 결과가 나타난 이유로는 자산규모 2조 원 이상의 대형상장 법인에 대해 일괄적으로 감사위원회가 강제되었지만, 감사위원회 도입이 의무화된 대규모 기업 가운데서 감사위원회를 자율적으로 도입할 의사가 있는 기업이 존재할 수 있기 때문이다. 따라서 이러한 결과는 자율적 도입과 의무적 도입 여부가 이익조정에 영향을 미치지 않는다라고 볼 수 있는 측면과 자율적 도입과 의무적 도입의 구분상의 오류가 낳은 결과라는 두 가지 측면을 동시에 가지고 있다고 볼 수 있다.

90

<표 4-12> 감사위원회 자율·의무 도입 여부가 재량적 발생액 크기에 미치는
영향 -다변량분석

$$ABSDAJO[ABSDARE] = CONST + \beta_1 OCF + \beta_2 ABSTA + \beta_3 SIZE + \beta_4 LEV + \beta_5 SELF + \varepsilon$$

| 종속변수 | 독립변수 | | | | 모 형 | | |
|---|---|---|---|---|---|---|---|
| | 변수명 | beta값 | t값 | 유의도 | F값 | 유의도 | $R^2$값 |
| ABSDAJO | CONST | -3.784 | -1.114 | 0.272 | 0.558 | 0.732 | 0.065 |
| | OCF | 0.294 | 0.320 | 0.751 | | | |
| | ABSTA | -0.847 | -0.498 | 0.621 | | | |
| | SIZE | 0.180 | 1.171 | 0.249 | | | |
| | LEV | 0.086 | 0.226 | 0.823 | | | |
| | SELF | 0.574 | 1.513 | 0.138 | | | |
| ABSDARE | CONST | -4.359 | -1.315 | 0.196 | 0.813 | 0.547 | 0.092 |
| | OCF | 0.606 | 0.675 | 0.504 | | | |
| | ABSTA | 0.274 | 0.165 | 0.870 | | | |
| | SIZE | 0.199 | 1.328 | 0.192 | | | |
| | LEV | 0.328 | 0.877 | 0.386 | | | |
| | SELF | 0.623 | 1.682 | 0.102 | | | |

ABSDAJO: Jones 모형
ABSDARE: 수정 Jones 모형
CONST: 회귀식의 상수
OCF: 영업활동으로 인한 현금흐름/매출액
ABSTA: (총발생액/전기자산총액)에 절대값을 취한 값
SIZE: 총자산에 log를 취한 값
LEV: 부채총액/자산총액
SELF: 감사위원회 자율·의무 도입 여부(0=의무도입, 1=자율도입)

이상의 분석결과를 정리하면 감사위원회를 도입한 기업과 도입하지 않은 기업 간에 재량적 발생액의 크기는 차이가 없는 것으로 나타났다. 즉 감사위원회의 도입 여부만으로는 이익조정 정도가 감소되었는지 여부를 판단할 수 없다는 것이다. 이러한 결과는 감사위원회 도입 여부만으로는 회계분식의 발생가능성을 설명할 수 없다는 Beasley(1996)의 연구결과와 유사하다. 또한 Menon·Williams

(1994)의 연구에서처럼 감사위원회 도입 여부가 아니라 감사위원회의 운영실태가 효과를 결정할 것이라는 주장에 초점을 맞추어 논의를 진행해야 할 필요성이 부각된다고 하겠다.

아래에서는 감사위원회를 성공적으로 도입하는 데 중요한 요인이 되는 감사위원회 독립성이 재량적 발생액 크기에 미치는 영향을 살펴보고자 한다. 왜냐하면 감사위원회 도입 여부보다 감사위원회의 어떤 특성이 이익조정 정도를 감소시킬 수 있는지를 파악하는 것이 연구의 중요한 논점이 되기 때문이다. 그러므로 아래에서는 감사위원회의 독립성이 경영자의 이익조정행위에 미치는 영향을 검증해보고자 한다.

## 4.2.2. 감사위원회 독립성이 이익조정에 미치는 영향

감사위원회의 독립성을 감사위원회의 사외이사비율과 감사위원회의 사외이사 추천 방법의 독립성으로 정의하였다. 각각의 독립성이 이익조정에 미치는 영향을 살펴보고자 한다.

### 1. 감사위원회의 사외이사비율이 재량적 발생액 크기에 미치는 영향

재량적 발생액에 영향을 미치는 변수의 효과를 통제한 다음 감사위원회의 사외이사비율이 재량적 발생액의 절대값에 미치는 영향을 살펴본 회귀분석 결과를 〈표 4-13〉에 표시하였다.

<표 4-13> 감사위원회 사외이사비율이 재량적 발생액 크기에 미치는 영향

$$ABSDAJO[ABSDARE] = CONST + \beta_1 OCF + \beta_2 ABSTA + \beta_3 SIZE$$
$$+ \beta_4 LEV + \beta_5 AUDOUT + \varepsilon$$

| 종속변수 | 독립변수 | | | | 모 형 | | |
|---|---|---|---|---|---|---|---|
| | 변수명 | beta값 | t값 | 유의도 | F값 | 유의도 | $R^2$값 |
| ABSDAJO | CONST | -0.311 | -0.140 | 0.889 | 2.134 | 0.081 | 0.211 |
| | OCF | -0.564 | -0.633 | 0.530 | | | |
| | ABSTA | -1.428 | -0.905 | 0.371 | | | |
| | SIZE | 0.107 | 1.004 | 0.321 | | | |
| | LEV | -0.121 | -0.338 | 0.737 | | | |
| | AUDOUT | -1.935 | -3.174 | 0.003 | | | |
| ABSDARE | CONST | -0.541 | -0.236 | 0.814 | 1.345 | 0.266 | 0.144 |
| | OCF | -0.030 | -0.033 | 0.974 | | | |
| | ABSTA | -0.066 | -0.040 | 0.968 | | | |
| | SIZE | 0.091 | 0.832 | 0.410 | | | |
| | LEV | 0.162 | 0.440 | 0.662 | | | |
| | AUDOUT | -1.463 | -2.326 | 0.025 | | | |

ABSDAJO: Jones 모형
ABSDARE: 수정 Jones 모형
CONST: 회귀식의 상수
OCF: 영업활동으로 인한 현금흐름/매출액
ABSTA: (총발생액/전기자산총액)에 절대값을 취한 값
SIZE: 총자산에 log를 취한 값
LEV: 부채총액/자산총액
AUDOUT: 감사위원회 내 사외이사비율

　　회귀분석 결과 감사위원회에서 사외이사비율이 높아질수록 재량
적 발생액의 크기가 유의적으로 작아지는 결과를 볼 수 있다. 즉
감사위원회에서 사외이사비율이 높아짐에 따라 경영자의 이익조정
행위가 감소하는 것으로 볼 수 있다. 이러한 결과는 감사위원회가
독립성을 확보하는 경우에 경영자의 이익조정행위를 줄일 수 있음
을 보여주는 결과라 할 수 있다. 다만 수정 Jones 모형으로 계산

한 재량적 발생액의 절대값을 종속변수로 삼은 경우 모형이 비유의적으로 나타났다.

## 2. 감사위원회의 사외이사 추천방법 독립성이 재량적 발생액 크기에 미치는 영향

감사위원회를 구성하는 사외이사 추천방법에 따라 경영자의 이익조정이 영향을 받을 수 있다. 대주주나 회사 임원의 추천으로 감사위원회의 사외이사로 선임된 경우라면, 선임된 감사위원이 지배주주나 경영자의 영향력으로부터 독립성을 가지고 활동하기 어렵다. 반면 지배주주나 경영자와 관련성이 낮은 감사위원이라면 독립적인 감사활동을 수행할 가능성이 높아진다.

따라서 대주주나 회사임원의 추천으로 감사위원회의 사외이사로 선임된 경우는 독립성이 낮은 것으로 보고, 기관투자자의 추천이나 채권금융기관의 추천, 경제단체의 사외이사 인력뱅크에 의한 추천으로 선임된 감사위원의 경우는 독립성이 높은 것으로 측정하여 이익조정에 미치는 영향을 분석하였다.

〈표 4-14〉는 독립성이 높은 집단과 낮은 집단 간에 재량적 발생액의 크기가 유의적인 차이를 보이는지 여부를 단변량분석한 결과이다.

<표 4-14> 감사위원회 내 사외이사 추천방법 독립성에 따른 재량적 발생액
절대값 차이

| | | 독립성 높음 | | 독립성 낮음 | | 차 이 | t값 | 유의도 |
|---|---|---|---|---|---|---|---|---|
| | | 표본수 | 평 균 | 표본수 | 평 균 | | | |
| 재량적<br>발생액<br>절대값 | Jones<br>모형 | 3 | 0.047 | 14 | 0.037 | 0.010 | 0.315 | 0.757 |
| | 수정 Jones<br>모형 | | 0.055 | | 0.040 | 0.015 | 0.454 | 0.656 |

독립성 낮음: 대주주 추천, 회사임원 추천
독립성 높음: 기관투자자 추천, 채권금융기관 추천, 경제단체의 사외이사 인력뱅크
활용

분석결과 추천방법의 독립성이 높은 집단과 독립성이 낮은 집단
간에 재량적 발생액의 절대값이 유의적인 차이가 없는 것으로 나
타났다. 이러한 결과를 해석함에 있어 추천방법의 독립성을 구분
한 원자료가 기업의 설문응답에 의해 구성된 자료이므로, 기업이
신뢰성 있는 응답을 하지 않았다면 연구결과에 편의가 존재할 수
있음에 유의해야 한다.

분석결과를 종합하면, 감사위원회의 독립성이 높아질수록 경영자
의 재량적 이익조정이 감소한다는 것을 알 수 있다. 특히 감사위원
회의 사외이사비중이 높아질수록 경영자의 재량적 이익조정이 감소
하는 것으로 나타났다. 이러한 연구결과는 독립적인 사외이사로 감
사위원회를 구성하는 것이 경영자의 이익조정행위를 감소시킬 수
있다는 사실을 보여주고 있다.

### 4.2.3. 이사회 특성 및 소유구조가 감사위원회 독립성에 미치는 영향

이사회 특성은 감사위원회의 성공적 도입에 영향을 미칠 수 있다. 이사회가 독립적으로 구성되고 이사회의 역량이 강화됨에 따라 이사회 기능이 활성화될 수 있으며 이러한 상황에서 감사위원회가 업무를 효율적으로 수행할 수 있을 것이다. 또한 소유구조에 따라 감사위원회의 역할이 제한을 받을 수 있다. 아래에서는 이사회의 특성변수인 이사회 내 사외이사비율, 외국인 사외이사 존재여부, 소유집중 정도가 감사위원회 독립성에 미치는 영향을 살펴보기로 한다.

## 1. 이사회 특성 및 소유구조가 감사위원회 내 사외이사비율에 미치는 영향

이사회 특성을 나타내는 이사회의 사외이사비율, 이사회의 외국인 사외이사 존재여부, 그리고 소유집중 정도를 나타내는 대주주1인지분율에 따라 감사위원회의 사외이사비율의 차이를 살펴본 결과를 〈표 4-15〉에 나타내었다.

이사회의 사외이사비율이 반수 이상인 경우가 반수 미만인 경우보다 감사위원회 내 사외이사비율이 높으나 유의적인 것은 아니다. 외국인 사외이사가 존재하는 경우는 오히려 감사위원회 내 사외이사비율이 약간 낮았으나 역시 비유의적이다. 소유집중 정도가 낮은 경우가 높은 경우보다 감사위원회 내 사외이사비율이 약간 높으나 통계적

유의성을 보이지 않는다.

<표 4-15> 이사회 특성 및 소유구조에 따른 감사위원회의 사외이사비율 차이

| 이사회 특성 및 소유구조 | | 표본수 | 감사위원회의 사외이사비율 | | 차 이 | t값 | 유의도 |
| --- | --- | --- | --- | --- | --- | --- | --- |
| | | | 평 균 | 표준편차 | | | |
| BODOUT | 반수 미만 | 29 | 0.752 | 0.210 | 0.050 | 1.059 | 0.294 |
| | 반수 이상 | 32 | 0.802 | 0.163 | | | |
| BODFOR | 없 음 | 54 | 0.779 | 0.195 | 0.051 | 0.663 | 0.510 |
| | 있 음 | 7 | 0.729 | 0.123 | | | |
| OWNRAT (전체) | 낮 음 | 26 | 0.813 | 0.164 | 0.055 | 1.097 | 0.277 |
| | 높 음 | 35 | 0.757 | 0.209 | | | |
| OWNRAT (중간제외) | 낮 음 | 26 | 0.813 | 0.164 | 0.068 | 1.204 | 0.235 |
| | 높 음 | 25 | 0.744 | 0.228 | | | |

BODOUT: 이사회의 사외이사비율
BODFOR: 외국인 사외이사
OWNRAT(전체): 2000년 표본기업 전체에 대해 대주주1인지분율을 크기에 따라
　　　　　　5단계로 구분하여, 하위 2개 집단을 소유집중 정도가 낮은 집
　　　　　　단으로 상위 3개 집단을 소유집중 정도가 높은 집단으로 구분
OWNRAT(중간제외): 5개 집단 중 중간 집단 1개를 제외하여 하위 2개 집단을 소
　　　　　　유집중 정도가 낮은 집단으로 상위 2개 집단을 소유집중 정
　　　　　　도가 높은 집단으로 구분

　이사회 특성 및 소유구조 변수와 감사위원회 내 사외이사비율의 관계를 살펴본 회귀분석 결과를 〈표 4-16〉에 나타내었다.

　이사회의 사외이사비율, 외국인 사외이사 유무, 대주주1인지분율은 감사위원회 내 사외이사비율에 유의적인 영향을 미치지 않는 것으로 나타났으며, 회귀식 또한 유의적이지 않다. 다만, 연구에서 사용되지 않은 이사회 특성변수이긴 하지만 사외이사수가 감사위원회 내 사외이사비중에 유의적인 정의 영향을 미치는 것으로 나타났다.

<표 4-16> 이사회 특성 및 소유구조가 감사위원회 사외이사비율에 미치는 영향

$$AUDOUT = CONST + \beta_1 BODOUT + \beta_2 BODFOR + \beta_3 OWNRAT + \varepsilon$$

| 종속변수 | 독립변수 | | | | 모 형 | | |
|---|---|---|---|---|---|---|---|
| | 변수명 | beta값 | t값 | 유의도 | F값 | 유의도 | $R^2$값 |
| AUDOUT | CONST | 0.775 | 9.785 | 0.000 | 0.233 | 0.873 | 0.015 |
| | BODOUT | 0.046 | 0.355 | 0.724 | | | |
| | BODFOR | -0.055 | -0.686 | 0.496 | | | |
| | OWNRAT | -0.001 | -0.282 | 0.780 | | | |

CONST: 회귀식의 상수
AUDOUT: 감사위원회의 사외이사비율(사외이사수/감사위원수)
BODOUT: 이사회의 사외이사비율(사외이사수/총이사수)
BODFOR: 외국인사외이사(0＝외국인사외이사 없음, 1＝외국인 사외이사
　　　　있음)
OWNRAT: 소유집중 정도를 나타내는 대주주1인지분율

## 2. 이사회 특성 및 소유구조가 감사위원회의 사외이사 추천방법 독립성에 미치는 영향

이사회 특성을 나타내는 이사회의 사외이사비율, 외국인 사외이사 존재 여부, 그리고 소유집중 정도를 나타내는 대주주1인지분율에 따라 감사위원회의 사외이사추천 독립성의 차이를 살펴본 결과를 〈표 4-17〉에 나타내었다.

이사회의 사외이사비율이 반수 이상인 경우가 반수 미만인 경우보다 감사위원회 내 사외이사 추천 독립성이 높으나 유의적인 것은 아니다. 외국인 사외이사가 존재하는 경우에는 감사위원회의 추천 독립성이 유의적으로 증가하는 것으로 나타났다. 소유집중 정도가 높은 집단이 낮은 집단보다 감사위원회 내 사외이사 추천

독립성이 약간 높은 것으로 나타났으나 유의적이지 않다.

<표 4-17> 이사회 특성 및 소유구조에 따른 감사위원회 사외이사 추천
독립성 차이

| 이사회 특성 및 소유구조 | | 표본수 | 감사위원회 사외이사 추천방법 독립성 | | 차 이 | t값 | 유의도 |
|---|---|---|---|---|---|---|---|
| | | | 평 균 | 표준편차 | | | |
| BODOUT | 반수 미만 | 9 | 0.111 | 0.333 | 0.189 | 1.000 | 0.332 |
| | 반수 이상 | 10 | 0.300 | 0.483 | | | |
| BODFOR | 없 음 | 16 | 0.125 | 0.342 | 0.542 | 2.283 | 0.036 |
| | 있 음 | 3 | 0.667 | 0.577 | | | |
| OWNRAT (전체) | 낮 음 | 9 | 0.111 | 0.333 | 0.014 | 0.083 | 0.935 |
| | 높 음 | 10 | 0.125 | 0.354 | | | |
| OWNRAT (중간제외) | 낮 음 | 9 | 0.111 | 0.333 | 0.056 | 0.290 | 0.777 |
| | 높 음 | 7 | 0.167 | 0.408 | | | |

BODOUT: 이사회의 사외이사비율,  BODFOR: 외국인 사외이사
OWNRAT(전체): 하위 2개 집단을 소유집중 정도가 낮은 집단, 상위 3개 집
단을 소유집중 정도가 높은 집단으로 구분
OWNRAT(중간 제외): 중간 집단 1개를 제외하여 하위 2개 집단을 소유집
중 정도가 낮은 집단으로 상위 2개 집단을 소유집중
정도가 높은 집단으로 구분

이사회 특성 및 소유구조 변수와 감사위원회의 사외이사 추천
독립성과의 관계를 살펴본 회귀분석 결과를 〈표 4-18〉에 나타내었
다.

<표 4-18> 이사회 특성 및 소유구조가 감사위원회 사외이사 추천 독립성에
미치는 영향

$$RECOM = CONST + \beta_1 BODOUT + \beta_2 BODFOR + \beta_3 OWNRAT + \varepsilon$$

| 종속변수 | 독립변수 | | | | 모 형 | | |
|---|---|---|---|---|---|---|---|
| | 변수명 | beta값 | t값 | 유의도 | F값 | 유의도 | $R^2$값 |
| RECOM | CONST | -0.192 | -1.561 | 0.143 | 9.990 | 0.001 | 0.697 |
| | BODOUT | 0.449 | 1.714 | 0.110 | | | |
| | BODFOR | 0.695 | 5.335 | 0.000 | | | |
| | OWNRAT | 0.001363 | 0.495 | 0.629 | | | |

RECOM: 감사위원회의 사외이사 추천 독립(0=비독립, 1=독립)

이사회에 외국인 사외이사가 존재하는 경우 감사위원회 사외이사의 추천 독립성이 높아지는 것으로 나타났다. 이사회 내 사외이사비율, 대주주1인지분율은 감사위원회 사외이사 추천 독립성에 유의적인 영향을 미치지 않는 것으로 나타났다.

정리하면, 본 연구에서 사용된 이사회 특성과 소유구조 변수는 감사위원회 독립성에 직접적인 영향을 주지 않는 것으로 나타났다. 다만, 이사회에 외국인 사외이사가 존재하는 경우 감사위원회 내 사외이사 추천 독립성이 높아지는 것으로 나타났다. 그리고 사외이사수는 감사위원회의 사외이사비율을 증가시키는 것으로 나타났다.

## 4.2.4. 감사위원회 독립성이 이익조정에 미치는 영향의 이사회 특성에 따른 차이

감사위원회 독립성이 이익조정에 미치는 영향은 이사회 독립성이 높은 경우와 이사회 독립성이 낮은 경우에 다를 수 있다. 다음은 감사위원회의 독립성이 이익조정에 미치는 효과가 이사회 내 사외이사비중과 외국인 사외이사 유무에 따라 차이를 보이는지 여부를 살펴보고자 한다.

## 1. 감사위원회 독립성이 이익조정에 미치는 영향의 이사회 내 사외이사비중에 따른 차이

이사회 내 사외이사비중이 반수 미만인 경우 0, 반수 이상인 경우에는 1의 값을 부여하여 더미변수로 처리하고 감사위원회의 사외이사비중과의 상호작용항을 만들어 재량적 발생액 크기에 미치는 효과를 검증한 결과를 〈표 4-19〉에 나타내었다. 회귀식에서 외국인 사외이사 여부와 대주주1인지분율은 통제변수로 사용되었다.

회귀분석 결과 감사위원회의 사외이사비율과 이사회의 사외이사비율 더미의 상호작용항이 재량적 발생액 크기에 유의적인 음의 영향을 미치는 것으로 나타났다. 즉 이사회 내 사외이사비중이 반수 미만인 경우보다 반수 이상인 경우가 감사위원회 내 사외이사비율이 증가함에 따라 재량적 발생액 크기의 감소폭이 더 크다는 것을 의미한다. 이러한 결과는 이사회가 반수 이상의 사외이사로 구성된 경우가 이사회가 반수 미만으로 구성된 경우보다 감사위원회 내 사외이사비율이 이익조정에 미치는 영향이 크다는 사실을 보여준다.

<표 4-19> 감사위원회 독립성이 이익조정에 미치는 영향의
사외이사비중에 따른 차이

$$ABSDAJO[ABSDARE] = CONST + \beta_1 OCF + \beta_2 ABSTA + \beta_3 SIZE$$
$$+ \beta_4 LEV + \beta_5 OWNRAT + \beta_6 BODFOR + \beta_7 AUDOUT + \beta_8 IACT1 + \varepsilon$$

| 종속변수 | 독립변수 | | | | 모  형 | | |
|---|---|---|---|---|---|---|---|
| | 변수명 | beta값 | t값 | 유의도 | F값 | 유의도 | $R^2$값 |
| ABSDAJO | CONST | 4.955 | -1.557 | 0.129 | | | |
| | OCF | -1.075 | -1.155 | 0.256 | | | |
| | ABSTA | -0.893 | -0.525 | 0.603 | | | |
| | SIZE | 0.321 | 2.228 | 0.033 | | | |
| | LEV | -0.079 | -0.211 | 0.834 | 2.425 | 0.035 | 0.370 |
| | OWNRAT | 0.012 | 1.420 | 0.165 | | | |
| | BODFOR | -0.653 | -1.904 | 0.066 | | | |
| | AUDOUT | -1.864 | -2.940 | 0.006 | | | |
| | IACT1 | -0.618 | -1.978 | 0.056 | | | |
| ABSDARE | CONST | -6.059 | -1.882 | 0.069 | | | |
| | OCF | -0.582 | -0.618 | 0.541 | | | |
| | ABSTA | 0.731 | 0.425 | 0.674 | | | |
| | SIZE | 0.337 | 2.314 | 0.027 | | | |
| | LEV | 0.270 | 0.710 | 0.483 | 2.061 | 0.069 | 0.333 |
| | OWNRAT | 0.016 | 1.860 | 0.072 | | | |
| | BODFOR | -0.623 | -1.796 | 0.082 | | | |
| | AUDOUT | -1.299 | -2.026 | 0.051 | | | |
| | IACT1 | -0.726 | -2.297 | 0.028 | | | |

IACT1: 감사위원회 내 사외이사비율(AUDOUT) × 이사회의 사외이사비중
더미(BODOUT의 더미구분: 0=반수 미만, 1=반수 이상)

## 2. 감사위원회 독립성이 이익조정에 미치는 영향의 이
## 사회 내 외국인 사외이사 유무에 따른 차이

이사회 내에 외국인 사외이사가 존재하면 1, 외국인 사외이사가 존재하지 않으면 0의 값을 부여하여 더미변수로 구분하고 감사위원회에서 사외이사비율과의 상호작용항을 만들어 재량적 발생액 크기에 미치는 효과를 검증한 결과를 〈표 4-20〉에 나타내었다. 회귀식에서 이사회의 사외이사비중과 대주주1인지분율은 통제변수로 사용되었다.

<표 4-20> 감사위원회 독립성이 이익조정에 미치는 영향의 외국인 사외이사
존재에 따른 차이

$$ABSDAJO[ABSDARE] = CONST + \beta_1 OCF + \beta_2 ABSTA + \beta_3 SIZE$$
$$+ \beta_4 LEV + \beta_5 OWNRAT + \beta_6 BODOUT + \beta_7 AUDOUT + \beta_8 IACT2 + \varepsilon$$

| 종속변수 | 독립변수 | | | | 모 형 | | |
|---|---|---|---|---|---|---|---|
| | 변수명 | beta값 | t값 | 유의도 | F값 | 유의도 | $R^2$값 |
| ABSDAJO | CONST | -5.540 | -1.864 | 0.071 | 3.171 | 0.009 | 0.435 |
| | OCF | -1.537 | -1.691 | 0.100 | | | |
| | ABSTA | -0.860 | -0.537 | 0.595 | | | |
| | SIZE | 0.388 | 2.765 | 0.009 | | | |
| | LEV | 0.008 | 0.021 | 0.983 | | | |
| | OWNRAT | 0.011 | 1.367 | 0.181 | | | |
| | BODOUT | -1.788 | -2.946 | 0.006 | | | |
| | AUDOUT | -2.305 | -3.933 | 0.000 | | | |
| | IACT2 | -0.708 | -1.654 | 0.108 | | | |
| ABSDARE | CONST | -6.202 | -2.014 | 0.052 | 2.450 | 0.033 | 0.373 |
| | OCF | -0.976 | -1.037 | 0.307 | | | |
| | ABSTA | 0.670 | 0.404 | 0.689 | | | |
| | SIZE | 0.386 | 2.651 | 0.012 | | | |
| | LEV | 0.346 | 0.933 | 0.357 | | | |
| | OWNRAT | 0.014 | 1.709 | 0.097 | | | |
| | BODOUT | -1.811 | -2.881 | 0.007 | | | |
| | AUDOUT | -1.794 | -2.956 | 0.006 | | | |
| | IACT2 | -0.628 | -1.416 | 0.166 | | | |

IACT2: 감사위원회 내 사외이사비율(AUDOUT) × 외국인사외이사유무
(BODFOR: 0＝없음, 1＝있음)

회귀분석 결과 감사위원회 내 사외이사비율과 외국인 사외이사
유무 더미의 상호작용항이 재량적 발생액 크기에 유의적인 영향을
미치지 않는 것으로 나타났다. 이사회에서 외국인 사외이사가 존
재하는 경우가 존재하지 않는 경우보다 감사위원회 내 사외이사비
중이 증가함에 따라 재량적 발생액 크기의 감소폭이 더 큰 것으로

104

나타났으나 통계적으로 유의적인 것은 아니다. 그러므로 외국인 사외이사가 존재하는 이사회와 존재하지 않는 이사회 간에 감사위원회 독립성이 이익조정에 미치는 영향은 차이가 없는 것으로 볼 수 있다.

## 4.2.5. 감사위원회 독립성이 이익조정에 미치는 영향의 소유구조에 따른 차이

### 1. 감사위원회 독립성이 이익조정에 미치는 영향의 소유 집중 정도에 따른 차이

2000년 표본에 대해 대주주1인지분율을 크기에 따라 20% 단위로 나누어 5개 집단으로 구분하였다. 5개 집단에 대하여 대주주1인지분율이 낮은 하위 2개 집단에는 0의 값을 부여하고, 상위 3개 집단에는 1의 값을 부여하여 더미변수로 구분하였다. 더미변수로 구분한 소유집중 정도의 높·낮음과 감사위원회 독립성을 나타내는 감사위원회의 사외이사비율 사이의 상호작용항이 재량적 발생액 크기에 미치는 효과를 파악하기 위한 회귀분석 결과를 〈표 4-21〉에 나타내었다. 회귀식에서 이사회 특성을 나타내는 이사회 내 사외이사비중과 외국인 사외이사 유무를 통제변수로 활용하였다.

소유집중 정도와 감사위원회 내 사외이사비율과의 상호작용항을 독립변수로 추가하여 모형을 검증한 결과 상호작용항은 재량적 발생액의 크기와 유의적인 양의 관계를 갖는 것으로 나타났다. 즉 소유집중 정도가 낮은 집단이 높은 집단보다 감사위원회 내 사외이사비중이 증가함에 따라 재량적 발생액 크기의 감소폭이 큰 것으로 나타났다. 이러한 결과는 소유집중 정도가 높은 집단보다 낮은 집단에서 감사위원회의 효과가 훨씬 커질 수 있다는 것을 시사하는 결과이다.

<표 4-21> 감사위원회 독립성이 이익조정에 미치는 영향의 소유집중 정도에 따른 차이(1)

$$ABSDAJO[ABSDARE] = CONST + \beta_1 OCF + \beta_2 ABSTA + \beta_3 SIZE$$
$$+ \beta_4 LEV + \beta_5 BODOUT + \beta_6 BODFOR + \beta_7 AUDOUT + \beta_8 IACT3 + \varepsilon$$

| 종속변수 | 독립변수 | | | | 모 형 | | |
|---|---|---|---|---|---|---|---|
| | 변수명 | beta값 | t값 | 유의도 | F값 | 유의도 | $R^2$값 |
| ABSDAJO | CONST | -4.985 | -1.830 | 0.076 | 3.392 | 0.006 | 0.451 |
| | OCF | -1.700 | -1.902 | 0.066 | | | |
| | ABSTA | -1.174 | -0.766 | 0.449 | | | |
| | SIZE | 0.386 | 2.854 | 0.007 | | | |
| | LEV | -0.067 | -0.198 | 0.844 | | | |
| | BODOUT | -1.940 | -3.150 | 0.003 | | | |
| | BODFOR | -0.593 | -1.867 | 0.071 | | | |
| | AUDOUT | -2.642 | -4.412 | 0.000 | | | |
| | IACT3 | 0.433 | 1.543 | 0.132 | | | |
| ABSDARE | CONST | -5.636 | -2.032 | 0.050 | 2.884 | 0.015 | 0.411 |
| | OCF | -1.202 | -1.321 | 0.196 | | | |
| | ABSTA | 0.266 | 0.171 | 0.866 | | | |
| | SIZE | 0.389 | 2.828 | 0.008 | | | |
| | LEV | 0.262 | 0.754 | 0.456 | | | |
| | BODOUT | -2.043 | -3.257 | 0.003 | | | |
| | BODFOR | -0.561 | -1.735 | 0.092 | | | |
| | AUDOUT | -2.248 | -3.687 | 0.001 | | | |
| | IACT3 | 0.620 | 2.170 | 0.037 | | | |

IACT3: 감사위원회 내 사외이사비율(AUDOUT) × 대주주1인지분율 더미 (OWNRAT-전체: 0=낮음, 1=높음)

## 2. 대주주1인 구성 내역별 분석

소유집중 정도를 나타내는 대주주1인의 구성 내역을 구분하여 살펴볼 필요가 있다. 즉, 대주주1인이 개인·관계회사인지 아니면 기관투자자·외국인인지에 따라 감사위원회 독립성이 이익조정에 미치는 영향이 달라질 수 있는 가능성이 있다. 따라서 대주주1인이 개인 또는 관계회사인 경우와 대주주1인이 기관투자자 혹은 외국인인지 여부에 따라 집단을 구분하여 감사위원회 독립성이 이익조정에 미치는 효과의 차이를 분석해 보고자 한다.

감사위원회를 도입한 회사에 대하여 대주주1인의 구성 내역을 분석한 결과 대주주1인이 개인인 경우가 22개사, 관계회사인 경우가 30개사, 대주주1인이 기관투자자인 경우가 5개사, 외국 기업인 경우가 4개사로 나타났다. 대주주1인이 기관투자자나 외국 기업인 경우는 0의 값을 부여하고, 개인이나 관계회사인 경우는 1의 값을 부여하여 더미변수로 구분하였다. 대주주1인 구성에 따라 감사위원회의 독립성이 이익조정에 미치는 효과가 차이가 있는지를 파악해보기 위해 대주주1인 구성 내역 더미와 감사위원회 내 사외이사 비율과의 상호작용항을 만들어 재량적 발생액의 크기에 미치는 효과를 살펴보았다. 실증분석 결과를 〈표 4-22〉에 나타내었다.

검증결과, 대주주1인 구성 내역 더미와 감사위원회의 사외이사 비율과의 상호작용항은 재량적 발생액 크기에 유의적인 영향을 미치지 않는 것으로 나타났다. 즉, 대주주1인이 개인·관계회사 또는 기관투자자·외국 기업인지에 따라 감사위원회 독립성이 이익조정에 미치는 효과가 차이가 나지 않는다는 것을 알 수 있다.

<표 4-22> 감사위원회 독립성이 이익조정에 미치는 영향의 대주주1인 구성
내역에 따른 차이

$$ABSDAJO[ABSDARE] = CONST + \beta_1 OCF + \beta_2 ABSTA + \beta_3 SIZE$$
$$+ \beta_4 LEV + \beta_5 BODOUT + \beta_6 BODFOR + \beta_7 AUDOUT + \beta_8 IACT4 + \varepsilon$$

| 종속변수 | 독립변수 | | | | 모 형 | | |
|---|---|---|---|---|---|---|---|
| | 변수명 | beta값 | t값 | 유의도 | F값 | 유의도 | $R^2$값 |
| ABSDAJO | CONST | -2.442 | -1.077 | 0.289 | 2.329 | 0.039 | 0.335 |
| | OCF | -1.046 | -1.151 | 0.257 | | | |
| | ABSTA | -0.910 | -0.594 | 0.556 | | | |
| | SIZE | 0.241 | 2.124 | 0.040 | | | |
| | LEV | -0.132 | -0.376 | 0.709 | | | |
| | BODOUT | -1.179 | -2.138 | 0.039 | | | |
| | BODFOR | -0.503 | -1.415 | 0.165 | | | |
| | AUDOUT | -2.004 | -3.207 | 0.003 | | | |
| | IACT4 | -0.218 | -0.580 | 0.565 | | | |
| ABSDARE | CONST | -2.815 | -1.221 | 0.230 | 1.978 | 0.077 | 0.300 |
| | OCF | -0.331 | -0.358 | 0.722 | | | |
| | ABSTA | 0.640 | 0.411 | 0.683 | | | |
| | SIZE | 0.236 | 2.039 | 0.049 | | | |
| | LEV | 0.109 | 0.305 | 0.762 | | | |
| | BODOUT | -1.177 | -2.100 | 0.043 | | | |
| | BODFOR | -0.574 | -1.590 | 0.120 | | | |
| | AUDOUT | -1.320 | -2.078 | 0.045 | | | |
| | IACT4 | -0.569 | -1.492 | 0.144 | | | |

IACT4: 감사위원회 내 사외이사비율(AUDOUT) × 대주주1인 구성 내역 더미
(0=기관·외국회사, 1=개인·관계회사)

## 4.2.6. 연구결과에 대한 확인 검증

## 1. 감사위원회 독립성이 이익조정에 미치는 영향의 소유 집중 정도에 따른 차이

앞 절에서 감사위원회의 독립성이 이익조정에 미치는 영향이 소

유집중 정도가 높고 낮음에 따라 차이가 있음을 살펴보았다. 이전 분석에서는 2000년 표본에 대해 대주주1인지분율을 크기에 따라 20% 단위로 5개 집단으로 분류한 다음, 하위 2개 집단에는 0의 값을, 상위 3개 집단에는 1의 값을 부여하여 소유집중 정도를 더미변수로 구분하였다. 본 절에서는 대주주1인지분율을 크기에 따라 구분한 5개 집단에서 중간집단을 제외하였다. 즉 하위 2개 집단에는 0의 값을 주고, 상위 2개 집단에는 1의 값을 부여하여 소유집중 정도를 더미변수로 다시 구분하였다.

더미로 구분한 소유집중 정도와 감사위원회의 독립성을 나타내는 감사위원회의 사외이사비율 간의 상호작용 효과가 재량적 발생액 크기에 미치는 영향을 검증한 결과를 〈표 4-23〉에 나타내었다.

소유집중 정도에 대한 구분을 달리한 경우에도 소유집중 정도와 감사위원회 내 사외이사비율과의 상호작용항은 재량적 발생액의 크기와 유의적인 양의 관계를 갖는 것으로 나타났다. 즉 소유집중 정도가 낮은 집단이 높은 집단보다 감사위원회 내 사외이사비중이 증가함에 따라 재량적 발생액 크기의 감소폭이 큰 것으로 나타났다.

<표 4-23> 감사위원회 독립성이 이익조정에 미치는 영향의 소유집중 정도에
따른 차이(2)

$$ABSDAJO[ABSDARE] = CONST + \beta_1 OCF + \beta_2 ABSTA + \beta_3 SIZE$$
$$+ \beta_4 LEV + \beta_5 BODOUT + \beta_6 BODFOR + \beta_7 AUDOUT + \beta_8 IACT5 + \varepsilon$$

| 종속변수 | 독립변수 | | | | 모 형 | | |
| --- | --- | --- | --- | --- | --- | --- | --- |
| | 변수명 | beta값 | t값 | 유의도 | F값 | 유의도 | $R^2$값 |
| ABSDAJO | CONST | -4.903 | -1.568 | 0.129 | 3.493 | 0.008 | 0.528 |
| | OCF | -2.485 | -1.719 | 0.098 | | | |
| | ABSTA | -2.742 | -0.854 | 0.401 | | | |
| | SIZE | 0.421 | 2.713 | 0.012 | | | |
| | LEV | -0.219 | -0.535 | 0.597 | | | |
| | BODOUT | -2.447 | -3.374 | 0.002 | | | |
| | BODFOR | -0.829 | -2.179 | 0.039 | | | |
| | AUDOUT | -3.049 | -4.480 | 0.000 | | | |
| | IACT5 | 0.477 | 1.410 | 0.171 | | | |
| ABSDARE | CONST | -5.474 | -1.678 | 0.106 | 2.463 | 0.040 | 0.441 |
| | OCF | -2.070 | -1.372 | 0.182 | | | |
| | ABSTA | -0.313 | -0.093 | 0.926 | | | |
| | SIZE | 0.405 | 2.505 | 0.019 | | | |
| | LEV | 0.098 | 0.230 | 0.820 | | | |
| | BODOUT | -2.331 | -3.079 | 0.005 | | | |
| | BODFOR | -0.793 | -1.996 | 0.057 | | | |
| | AUDOUT | -2.425 | -3.414 | 0.002 | | | |
| | IACT5 | 0.681 | 1.930 | 0.065 | | | |

IACT5: 감사위원회 내 사외이사비율(AUDOUT) × 대주주1인지분율 더미
(OWNRAT-중간제외: 0=낮음, 1=높음)

## 2. 이사회 특성 및 소유구조가 이익조정에 미치는 영향

재량적 발생액에 영향을 미치는 변수를 통제한 다음 이사회 특성을
나타내는 이사회 내 사외이사비율, 외국인 사외이사 존재여부, 그리고
소유집중 정도를 나타내는 대주주1인지분율이 재량적 발생액 크기에
미치는 효과를 살펴보았다. 회귀분석 결과를 〈표 4-24〉에 나타내었다.

110

감사위원회 내 사외이사비율이 높아질수록, 이사회 내 사외이사비율
이 높을수록 재량적 발생액 크기가 유의적으로 감소하므로 이익조정
정도가 감소하는 것으로 볼 수 있다. 외국인 사외이사 유무와 소유집
중 정도를 나타내는 대주주1인지분율은 재량적 발생액 크기에 유의적
인 영향을 미치는 것으로 나타났으나 다소 제한적이다. 통제변수의 경
우 기업규모는 예측과 유의적으로 일치하였으며, 그 이외의 변수는 예
측과 방향은 일치하지만 유의적이지 않다.

<표 4-24> 이사회 특성 및 소유구조가 이익조정에 미치는 영향

$$ABSDAJO[ABSDARE] = CONST + \beta_1 OCF + \beta_2 ABSTA + \beta_3 SIZE + \beta_4 LEV + \beta_5 BODOUT + \beta_6 BODFOR + \beta_7 AUDOUT + \beta_8 OWNRAT + \varepsilon$$

| 종속변수 | 독립변수 | | | | 모 형 | | |
|---|---|---|---|---|---|---|---|
| | 변수명 | beta값 | t값 | 유의도 | F값 | 유의도 | $R^2$값 |
| ABSDAJO | CONST | -5.679 | -1.927 | 0.063 | 3.301 | 0.007 | 0.445 |
| | OCF | -1.534 | -1.704 | 0.098 | | | |
| | ABSTA | -0.806 | -0.508 | 0.615 | | | |
| | SIZE | 0.397 | 2.846 | 0.008 | | | |
| | LEV | -0.003 | -0.009 | 0.993 | | | |
| | BODOUT | -1.790 | -2.975 | 0.005 | | | |
| | BODFOR | -0.587 | -1.836 | 0.075 | | | |
| | AUDOUT | -2.356 | -4.039 | 0.000 | | | |
| | OWNRAT | 0.011 | 1.397 | 0.172 | | | |
| ABSDARE | CONST | -6.382 | -2.093 | 0.044 | 2.580 | 0.026 | 0.385 |
| | OCF | -0.977 | -1.049 | 0.302 | | | |
| | ABSTA | 0.719 | 0.438 | 0.664 | | | |
| | SIZE | 0.396 | 2.745 | 0.010 | | | |
| | LEV | 0.334 | 0.909 | 0.370 | | | |
| | BODOUT | -1.814 | -2.913 | 0.006 | | | |
| | BODFOR | -0.543 | -1.641 | 0.110 | | | |
| | AUDOUT | -1.845 | -3.057 | 0.004 | | | |
| | OWNRAT | 0.014 | 1.752 | 0.089 | | | |

# 제5장 결  론

## 5.1. 연구결과 요약

본 연구의 목적은 감사위원회 도입이 이익조정에 미치는 영향을 살펴보는 것이다. 1995년부터 2000년까지 증권거래소에 계속 상장된 비금융기업을 표본으로 선정하였다. 선정된 표본을 이용하여 감사위원회 도입으로 이익조정 정도가 감소되는지를 살펴보고, 감사위원회의 독립성이 이익조정에 미치는 영향을 살펴보았다. 또한 이사회 특성과 소유구조에 따라 감사위원회 독립성이 이익조정에 미치는 효과가 차이가 있는지 살펴보았다. 연구의 주요 결과는 다음과 같다.

첫째, 감사위원회의 도입이 이익조정을 감소시키지 않는 것으로 나타났다. 재량적 발생액에 영향을 미치는 변수 효과를 통제한 다음 감사위원회 도입 여부가 재량적 발생액 크기에 미치는 영향을 살펴본 결과 유의적인 결과를 보이지 않았다.

둘째, 감사위원회의 독립성이 높아질수록 이익조정이 감소하는 것으로 나타났다. 감사위원회의 독립성은 감사위원회의 사외이사 비율과 감사위원회의 사외이사 추천방법 독립성으로 측정하였다. 실증분석 결과 감사위원회 내 사외이사비율이 증가됨에 따라 이익조정이 감소하는 것으로 나타났으나, 감사위원회 내 사외이사 추천 독립성은 이익조정에 영향을 미치지 않는 것으로 나타났다.

셋째, 본 연구에서 선정한 이사회 특성과 소유구조 변수는 대부분 감사위원회 독립성에 직접적인 영향을 주지 않는 것으로 나타났다. 다만, 이사회에 외국인 사외이사가 존재하는 경우 감사위원회 내 사외이사 추천독립성이 높아지는 것으로 나타났다. 그리고 사외이사수는 감사위원회 내 사외이사비율을 증가시키는 것으로 나타났다.

넷째, 이사회 특성 및 소유구조에 따라 감사위원회 독립성이 이익조정에 미치는 영향이 차이가 있는 것으로 나타났다. 이사회가 과반수 이상의 사외이사로 구성된 경우가 과반수 미만으로 구성된 경우보다 감사위원회 사외이사비율이 이익조정에 미치는 영향이 유의적으로 큰 것으로 나타났다. 또한 소유집중 정도가 높은 집단보다 낮은 집단에서 감사위원회의 사외이사비율이 이익조정에 미치는 영향이 큰 것으로 나타났다.

연구결과를 통하여 다음과 같은 사항을 추론해 볼 수 있다.

첫째, 감사위원회의 형식적인 도입 여부는 큰 의미를 가지지 못한다는 점이다. 연구결과에서 감사위원회의 단순한 도입은 경영자의 재량적 이익조정을 감소시키지 못하는 것으로 나타났다. 그러나 이러한 사실이 감사위원회가 무용하다는 것을 의미하는 것은 아니다. 단지 감사위원회 도입이라는 사실 자체보다 감사위원회의 효과를 높일 수 있는 특성이 무엇인지를 파악하는 것이 중요하기 때문이다.

둘째, 이익조정의 관점에서 감사위원회의 도입효과를 높이기 위해서는 감사위원회 내의 사외이사비율을 높여 감사위원회의 독립성을 강화하는 것이 중요한 것으로 나타났다. 이러한 결과는 감사위원회의 효과적 도입을 위해서 독립적인 사외이사로 감사위원회를 구성해야 할 필요성이 있다는 주장에 대한 근거를 제공해 준다.

셋째, 이익조정 관점에서 감사위원회 도입효과가 이사회 특성 및 소유구조에 따라 차이가 있을 수 있다는 점이다. 연구결과에서 보는 바와 같이 이사회의 독립성이 높은 경우 또는 소유집중 정도가 분산되어 있는 경우 감사위원회 독립성이 이익조정에 미치는 효과가 훨씬 크다는 사실을 알 수 있었다. 이러한 결과는 감사위원회를 둘러싼 이사회 특성과 소유구조와 같은 지배구조 특성에 따라 감사위원회 효과가 영향을 받을 수 있음을 보여주는 결과라 하겠다.

## 5.2. 연구한계 및 발전방향

감사위원회제도가 최근에 도입됨에 따라 실증분석에 사용된 감사위원회 도입기업 표본수가 많지 않다. 그러므로 연구결과를 일반화하기 위해서는 보다 많은 표본을 획득할 수 있는 시점에서 다시 한번 연구를 수행할 필요성이 있을 것이다.

본 연구에서는 주로 감사위원회의 독립성에 초점에 맞추어졌다. 감사위원회의 독립성 외에도 감사위원회의 전문성이나 감사위원회의 역할 수행 정도에 따른 효과를 살펴봄으로써 감사위원회 유용성에 대한 이해를 높일 수 있을 것이다.

본 연구는 감사위원회 도입효과를 경영자의 재량적 이익조정과 관련하여 살펴보았다. 이외에도 외부감사인 선임 및 외부감사인 교체를 통해서도 감사위원회의 효과를 살펴볼 수 있을 것이다. 또한 감사위원회 도입으로 부실감사가 감소되었는지를 살펴보는 것도 감사위원회의 효과를 파악해보는 연구방안이 될 것이다. 궁극적으로 감사위원회는 회계투명성을 개선함으로써 회계정보의 유용성을 높이는 데 목적이 있기 때문에, 감사위원회 도입으로 회계정보의 유용성이 높아졌는지를 살펴보는 것 또한 중요한 연구주제라고 할 수 있을 것이다.

# 참고문헌

고승의, "기업의 소유구조와 경영성과에 관한 연구", *경제경영논집* 제
　　30집 제1호, pp.81-104.

권종호, "한국형 사외이사 제도의 문제점과 그 개선 방안에 관한 입법
　　론적 모색", *상장협* 제44호, 2001년 9월, pp.109-137.

김건식·윤영신, "새로운 감독체제의 모색 – 감사, 사외이사, 감사위원
　　회의 비교를 중심으로", *상장협* 제38호, 1998년 10월,
　　pp.103-118.

_____, "감사위원회, 어떻게 도입할 것인가", *한국 기업지배구조의 현*
　　*재와 미래(이선·좌승희·정광선·김용구 엮음)*, 미래경영개발
　　연구원, 2000, pp.307-330.

김경호, "회계투명성과 기업회계기준", *회계투명성에 관한 심포지움 –*
　　*한국 기업의 회계투명성: 평가와 향후 과제*, 2002년 4월 24일.

김상규·윤선희, *사외이사와 감사위원회제도의 개선에 관한 연구*, 한국
　　상장회사협의회 연구보고서 2000-3, 2000년 12월.

김영숙·이재춘, "기업가치와 기업소유구조와의 관련성", *증권학회지*
　　제26집, 2000, pp.173-197.

김용렬, *IMF체제 이후 기업지배구조의 전개방향: 한국과 일본의 제도*
　　*개선 논의를 중심으로*, 산업연구원, 1998.

_____·조창현·조명현, *선진 경제 도약을 위한 기업지배구조의 개혁*,
　　을유문화사, 2000.

김용민, "가치를 창출하는 이사회의 설계와 운영", *한국 기업지배구조*
　　*의 현재와 미래(이선·좌승희·정광선·김용구 엮음)*, 미래경영
　　개발연구원, 2000, pp.230-274.

김우택·장대홍·김경수, "기업가치와 소유경영구조에 관한 실증적 연

116

구", *재무연구* 제6호, 1993년 8월, pp.55-75.

김주현, "기업의 소유구조와 기업가치의 연관성에 관한 연구", *재무연구* 제5호, 1992년 12월, pp.129-154.

나인철, "소유구조와 경영진구성이 회계방법의 변경에 미치는 영향에 대한 토론", *회계저널* 제8권 제1호, 1999년 6월, pp.215-219.

나종길 · 최관, "회계발생액과 차별적 감사수요", *한국회계학회 동계학술대회 발표논문*, 2001.

박내회, "한국 기업의 지배구조 방향에 관한 연구", *서강경영논총* 제11-2집, 2000, pp.99-114.

박종성 · 이은철, "회계제도의 개선과 회계정보의 투명성", *한국회계학회 동계학술대회 발표논문*, 2002.

법무부, *상법개정 공청회 자료*, 1999년 9월 14일.

서정우, 김용민, "한국 기업의 감사위원회의 역할과 책임", *한국공인회계사회 연구용역 중간보고서*, 2002년 2월 28일.

손성규, "소유구조와 경영진구성이 회계방법의 변경에 미치는 영향", *회계저널* 제8권 제1호, 1999년 6월, pp.189-214.

송명훈, "지배구조 모범기업 사례", *공인회계사*, 2001년 8월, pp.75-78.

_____, *사외이사관련 법규 및 운영 현황 - 주요국 사외이사제도 포함*, 한국증권거래소, 2001년 11월.

양승우, "기업지배구조개선위원회 활동을 마치고", *공인회계사*, 1999년 12월, pp.45-49.

유영일, "상근감사와 사외감사제도의 도입 의의와 운영효율화 방안", *상장협* 제37호, 1998년 5월, pp.42-55.

윤종안, "회계정보의 투명성 제고를 위한 외부감사 개선방안", *상장협* 제37호, 1998년 5월, pp.22-41.

이경태 · 최병현, "소유구조와 경영자 현금보상의 관계", *2001년도 하계학술연구발표회 발표논문집*, 한국회계학회, 2001년 6월, pp.471-487.

이기열, "감사위원회의 역할과 구성", 공인회계사, 2000년 2월, pp.18-22.

이동기 · 조영곤, "이사회 구조가 연구개발투자에 미치는 영향", 경영학연구 제30권 제4호, 2001년 11월, pp.1251-1263.

이영기, (글로벌 경쟁시대의)한국 기업 소유지배구조, 한국개발연구원, 1996.

이홍규, 한국형 기업지배구조: 기업민주주의 시대의 도래, 산업연구원, 1999.

임웅기, "한국 기업 소유구조의 결정요인", 재무연구 제2권, 1988, pp.1-27.

_____, 기업소유구조와 자본시장 발전, 한국신용평가주식회사, 1988년.

장대홍 · 김우택 · 김경수 · 박상수, 재벌의 효율성: 소유지배구조와 재무 행태, 효율성에 관한 실증적 탐색, 소화, 2001.

전성빈, "회계정보의 투명성 제고를 위한 회계제도의 개선 – 민간주도의 회계기준 제정기구를 중심으로", 서강경영논총 제11집, pp.163-178.

전인우 · 공병호, 한국 기업의 지배구조, 한국경제연구원, 1995.

정광선, "한국의 기업지배구조 무엇이 문제인가", 한국 기업지배구조의 현재와 미래(이선 · 좌승희 · 정광선 · 김용구 엮음), 미래경영개발연구원, 2000, pp.59-127.

정민근, "감사위원회제도의 정착을 위한 과제", 공인회계사, 2000년 7월, pp.21-25.

정윤모 · 손영락, 사외이사제도의 실효성 제고방안, 한국증권연구원(Issue Paper 98-06), 1998년 6월.

최승노, 한국의 대규모 기업집단, 자유기업센터, 1999.

최운열 · 이정진, 새로운 패러다임하에서의 한국 기업의 바람직한 지배구조, 집문당, 2001.

최정호, "감사위원회제도의 효과와 성공적인 정착방안", 상장협 제41호,

118

2000년 3월, pp.107-123.

_____ · 윤순식, "회계정보의 신뢰성 제고를 위한 감사위원회제도의 도입 방안", *회계감사의 사회적 기능 제고 방안 심포지엄*, 1999년 6월 11일, pp.103-131.

_____ · 임창우 · 김성중, "사외감사의 자발적 선임과 기업특성", *회계학연구* 제26권 제1호, 2001년 3월, pp.177-197.

한국상장회사협의회, "사외이사제도의 문제점 및 개선방안", *상장*, 2001년 6월, pp.57-61.

_____, "2000년 상장회사 사외이사 현황", *상장*, 2000년 5월, pp.33-38.

_____, "기업지배구조 개선관련 이사회 및 감사위원회제도 운영 현황", *상장*, 2000년 7월, pp.43-47.

_____, "2001년 상장회사 사외이사 현황", *상장*, 2001년 7월, pp.57-61.

_____, *사외이사선임제도 개선방안에 대한 심포지엄*, 2002년 4월 18일.

_____ · 한국증권거래소, *사외이사직무수행규준해설*, 2001년 7월.

홍복기, "이사회와 그 위원회-감사위원회 도입 여부에 대한 검토", *상장협* 제39호, 1999년 5월, pp.51-71.

Abbott, L. J. and S. Parker, "Auditor Selection and Audit Committee Characteristics", *Auditing: A Journal of Practice & Theory*, Vol.19, No.2, Fall 2000, pp.47-66.

Ang, J. S., R. A. Cole, and J. W. Lin, "Agency Costs and Ownership Structure", *The Journal of Finance*, *Vol.*LV, No.1, 2000, pp.81-106.

Anthony, R. N., *The Management Control Function*, Harvard Business School Press, 1988.

Berle, A. A. and G. C. Means, *The Modern Corporation and Private Poverty*, The Macmillan Company, New York, 1932.

Beasley, M., "An Empirical Analysis of the Relation between the Board of Director Composition and Financial Statement Fraud", *The Accounting Review*, Vol.71. No.4, 1996, pp.443-465.

Becker, C., M. DeFond, J. Jiambalvo, and K. Subranmanyam, "The Effect of Audit Quality on Earnings Management", *Contemporary Accounting Research*, Vol.15, 1998, pp.1-24.

_____and S. Salterio, "The Relationship between Board Characteristics and Voluntary Improvements in Audit Committee Composition and Experience", *Working Paper(Forthcoming Contemporary Accounting Research)*, 2001.

Blue Ribbon Committee on Improving the Effectiveness of Corporate Audit Committees, *The Report and Recommendations of the Blue Ribbon Committee on Improving the Effectiveness of Corporate Audit Committees*, The New York Stock Exchange and The National Association of Securities Dealers, 1999.

Bradbury, M., "The Incentives for Voluntary Audit Committee Formation", *Journal of Accounting and Public Policy*, 1990, pp.19-36.

Brickley, A., R. C. Lease, and W. Smith, Jr., "Ownership Structure and Voting on Anti-takeover Amendments", *Journal of Financial Economics*, Vol.20, pp.267-292.

Carcello, J. V. and T. L. Neal, "Audit Committee Composition and Auditor Reporting", *The Accounting Review*, Vol.75, No.4, 2000, pp.453-468.

Cho, Myeong-Hyeon, "Ownership Structure, Investment and the Corporate Value: An Empirical Analysis", *Journal of Financial Economics*, Vol.47, pp.103-121.

Coles, J. W. and W. S. Hesterly, "Independence of the Chairman and Board Composition: Firm Choices and Shareholder Value", *Journal of Management, 2000,* Vol.26, No.2, pp.195-214.

Core, J. E., R. W. Holthausen and D. F. Larcker, "Corporate Governance, Chief Executive Officer Compensation, and Firm Performance, *Journal of Financial Economics,* 51, 1999, pp.371-406.

DeAngelo, H., L. DeAngelo, and D. Skinner, "Accounting Choice in Troubled Companies", *Journal of Accounting and Economics,* Vol.14, 1994, pp.113-144.

Dechow, P., R. Sloan, and A. Sweeney, "Detecting Earnings Management", *The Accounting Review,* April 1995, pp.193-225.

DeFond, M., and J. Jiambalvo, "Debt Covenant Violation and Manipulation of Accruals", *Journal of Accounting and Economics,* Vol.17, 1994, pp.145-176.

_____and K. Subranmanyam, "Auditor Changes and Discretionary Accruals", *Journal of Accounting and Economics,* Vol.25, 1998, pp.35-67.

Demsetz, H., "The Structure of Ownership and the Theory of Firm", *Journal of Law and Economics,* Vol.26, 1983, pp.375-390.

_____and K. Lehn, "The Structure of Corporate Ownership: Causes and Consequences", *Journal of Political Economy,* Vol.93, 1985, pp.1155-1177.

Dhaliwal, D. S., G. L. Salamon, and E. D. Smith, "The Effect of Owner versus Management Control on the Choice of Accounting Methods", *Journal of Accounting and Economics,*

*Vol.*4, 1982, pp.41-53.

Duke, J. and H. Hunt, "An Empirical Examination of Debt Covenant Restrictions and Accounting-Related Debt Proxies", *Journal of Accounting and Economics,* Vol.12, 1990, pp.45-63.

Fama, E. F., "Agency Problem and the Theory of the Firm", *Journal of Political Economy,* Vol.88, 1980, pp.288-308.

_____and M. C. Jensen, "Separation of Ownership and Control", *Journal of Law and Economics,* Vol.26, June 1983, pp.301-325.

Gilson, R. J. and M. J. Roe, "Understanding the Japanese Keiretsu: Overlaps between Corporate Governance and Industrial Organization", *The Yale Law Journal,* Vol.102, 1993, pp.871-906.

Heninger, W., "The Association between Auditor Litigation and Abnormal Accruals", *The Accounting Review,* Vol.76, 2001, pp.111-126.

Himmelberg, C. P., R. G. Hubbard, and D. Palia, "Understanding the Determinants of Managerial Ownership and the Link between Ownership and Performance", *Journal of Financial Economics* 53, 1999, pp.353-384,

Holderness, C. G. and D. P. Sheehan, "Monitoring an Owner: The Case of Turner Broadcasting", *Journal of Financial Economics,* December 1991, pp.325-346.

Jensen, M. C. and W. H. Meckling, "Theory of the Firm: Managerial Behavior, Agency Costs and Ownership Structure", *Journal of Financial Economics,* Vol.3, 1976, pp.305-360.

Jones, J. J., "Earnings Management During Import Relief Investigations", *Journal of Accounting Research,* 29, Autumn

1991, pp.193-228.

Ke, B., K. Petroni and A. Safieddine, "Ownership Concentration and Sensitivity of Executive Pay to Accounting Performance Measures: Evidence from Publicly and Privately-held Insurance Companies", *Journal of Accounting and Economics* 28, 1999, pp.185-209.

Klein, A., "Audit Committee, Board of Director Characteristics, and Earnings Management", *Working Paper, Social Science Research Network Electronic Paper Collection*, October 2000, pp.1-39.

Mak, Y. T. and M. L. Roush, "Factors Affecting the Characteristics of Boards of Directors: An Empirical Study of New Zealand Initial Public Offering Firms", *Journal of Business Research* 47, 2000, pp.147-159.

McConnell, J. J. and H. Servaes, "Additional Evidence on Equity Ownership and Corporate Value", *Journal of Financial Economics*, Vol.27, 1990, pp.595-612.

McMullen, D., "Audit Committee Performance: An Investigation of the Consequences Associated with Audit Committee", *Auditing: A Journal of Practice & Theory*, Spring 1996, pp.87-103.

_____and K. Raghunandan, "Enhancing Audit Committee Effectiveness", *Journal of Accountancy*, August 1996, pp.79-82.

Mehran, H., "Executive Compensation Structure, Ownership and Firm Performance", *Journal of Financial Economics*, Vol.38, 1995, pp.163-184.

Menon, K. and J. D. Williams, "The Use of Audit Committees for Monitoring", *Journal of Accounting and Public Policy*,

Summer 1994, pp.121-139.

Morck, R., A. Schleifer and R. W. Vishny, "Management Ownership and Market Valuation: An Empirical Analysis", *Journal of Financial Economics*, Vol.20, 1988, pp.293-315.

Pincus, K., M. Rusbarsky, and J. Wong, "Voluntary Formation of Corporate Audit Committees among NASDAQ Firms", *Journal of Accounting and Public Policy* 8, 1989, pp.239-265.

Ryan Jr., H. E. and R. A. Wiggins Ⅲ, "The Influence of Firm-and Manager-Specific Characteristics on the Structure of Executive Compensation", *Journal of Corporate Finance* 7, 2001, pp.101-123.

Scarbrough, D., D. Rama and K. Raghunandan, "Audit Committee Composition and Interaction with Internal Auditing: Canadian Evidence", *Accounting Horizons*, March 1998, pp.51-62.

Sheng-Syan Chen and Kim Wai Ho, "Corporate Diversification, Ownership Structure, and Firm Value: The Singapore Evidence", *International Review of Financial Analysis* 9, 2000, pp.315-326.

Stulz, R. M., "Managerial Control of Voting Rights: Financing Polices and the Market for Corporate Control", *Journal of Financial Economics*, Vol.20, 1988, pp.25-54.

Tosi, H. L., S. Werner, J. P. Kats, and L. R. Gomez-Mejia, "How Much Does Performance Matter? A Meta-Analysis of CEO Pay Studies", *Journal of Management*, Vol.26 No.2, 2000, pp.301-339.

Vicknair, D., K. Hickman, and K. Carnes, "A Note on Audit Committee Independence; Evidence from the NYSE on Grey Area Directors", *Accounting Horizons*, Vol.7 No.1, 1993, pp.53-57.

Warfield, T. D., J. J. Wild, K. L. Wild, "Managerial Ownership, Accounting Choices, and Informativeness of Earnings", *Journal of Accounting and Economics* 20, 1995, pp.61-91.

Weisbach, M., "Outside Directors and CEO Turnover", *Journal of Financial Economics* 20, 1995, pp.431-460.

Yermack, D., "Higher Market Valuation of Companies with a Small Board of Directors", *Journal of Financial Economics* 40, 1996, pp.185-211.

・저자・

이상철    ・약 력・
(李相喆)
연세대학교 상경대학 경영학과 졸업(경영학학사)
연세대학교 대학원 경영학과 석사과정 졸업(경영학석사)
연세대학교 대학원 경영학과 박사과정 졸업(경영학박사)

호서대학교 세무회계학과 전임강사
한림대학교 경영학과 전임강사
한국관리회계학회 감사
국가고시 시험위원
현 동국대학교 회계학과 조교수

・주요논저・
「경영자 스톡옵션 보상과 주식소유가 연구개발투자에 미치는 영향」
「한국 제조기업의 원가발생구조 및 원가관리 실태」
「설계VE 도입을 통한 건설사업 원가관리 사례연구: 한국도로공사의 고속도로
건설공사를 중심으로」
「대리인문제와 기업가치」
「소유 및 지배구조와 경영자 스톡옵션 보상」
「경영자 스톡옵션 보상과 기업가치: 선형 및 비선형 관계 분석」
「경영자에 대한 스톡옵션이 주가변동성에 미치는 영향」
「기업특성에 따른 경영자 스톡옵션의 적정보상수준과 기업가치 증가분석」
「외부감시주체와 기업가치」
「ABC시스템 도입에 관한 사례연구」
「스톡옵션의 회계처리가 보고이익에 미치는 영향」
「소유 및 지배구조 특성과 이익조정」
「감사위원회 도입이 이익조정에 미치는 영향」
「정부계약 건설공사 특성 및 시공업체 특성이 공사품질에 미치는 영향에 관한 연구」
『회계원리』
『중급회계』
『벤처기업경영 기초를 알자, 재무・회계』
『경영학에센스』
외 다수

# 감사위원회 도입과 경영자 이익조정

| | |
|---|---|
| • 초판 인쇄 | 2006년 7월 30일 |
| • 초판 발행 | 2006년 7월 30일 |
| • 지 은 이 | 이상철 |
| • 펴 낸 이 | 채종준 |
| • 펴 낸 곳 | 한국학술정보㈜ |
| | 경기도 파주시 교하읍 문발리 526-2 |
| | 파주출판문화정보산업단지 |
| | 전화 031) 908-3181(대표) · 팩스 031) 908-3189 |
| | 홈페이지 http://www.kstudy.com |
| | e-mail(출판사업부) publish@kstudy.com |
| • 등 록 | 제일산-115호(2000. 6. 19) |
| • 가 격 | 18,000원 |

ISBN   89-534-5446-8 93320 (Paper Book)
       89-534-5447-6 98320 (e-Book)